Don Tonino Bello

MARIA DONNA DEI NOSTRI GIORNI

Don Tonino Bello

MARIA
donna dei nostri giorni

Presentazione di Luigi Santucci

SAN PAOLO

Pubblicazione promossa dalla
Fondazione Don Tonino Bello

Quattordicesima edizione 2001

Piazza Soncino, 5 - 20092 Cinisello Balsamo (Milano)
http://www.stpauls.it/libri
Distribuzione: Diffusione San Paolo s.r.l.
Corso Regina Margherita, 2 - 10153 Torino

Queste pagine dedicate dall'Autore

A MONS. MICHELE MINCUZZI
VESCOVO DELLA CHIESA SANTA DI DIO

sono l'ultimo canto di quel poeta
della speranza che fu Don Tonino Bello.
Doveva essere il suo "mese di maggio"
e divenne per lui morente (il 20 aprile 1993)
l'originalissima personale litania
che l'introdusse all'eterna liturgia del cielo:

Maria, donna dell'attesa... Donna vera...
Donna del riposo... Maria, donna obbediente...
Donna del silenzio... Donna del servizio...
Donna dell'ultima ora... Compagna di viaggio...
Donna accogliente, prega per noi.

Presentazione

De Maria numquam satis, recita da secoli una pia antifona. Quanto infatti è stato scritto, poetato, narrato, cantato sulla madre di Gesù! Da Jacopone a Péguy, a Claudel, a Eliot; da Dante a Lope de Vega, a Bernanos, a Hopkins; da Petrarca a Turoldo. Per non parlare dei santi (Bonaventura, Bernardo, Bernardino) e degli oscuri o anonimi, che con ingenuità, rozzezza o retorica hanno invaso di lodi la "Donna del paradiso". Eppure non basta (*numquam satis*), non basterà mai.

Così è stato, incontenibilmente, anche per Tonino Bello, vescovo di Molfetta. Che ci offre questi trentuno capitoletti — *Maria donna dei nostri giorni* — a cui diamo il benvenuto fra i nostri cuori mariani.

Nel parlare di Maria (anzi, *a* Maria) l'autore ha fatto uso dei due attributi di cui lo conosciamo dotato: soavità, tenerezza, stupori di vibrante poeta; ma poi forza, passione, coraggio anticonformista. Virtù, codeste ultime, che più me lo hanno fatto stimare e amare per la generosa baldanza con cui da anni egli denunzia e affronta le infamie della nostra società; le fiacchezze e i ritardi della stessa Chiesa, sulle quote di una protesta non frequente nei nostri pastori; per la sua opzione radicale a favore degli ultimi, l'impegno per la pace e la non violenza.

Quali sono i meriti di questo libro, il suo "diritto" d'infoltire la sconfinata produzione mariologica?

L'originalità e l'arditezza, intanto, di certe *ipotesi*, dentro un "vangelo apocrifo" (ma non inverosimile) della Vergine. Che, ad esempio, lei pure *sia andata a deporre* il figlio dal legno e gli abbia "composto le membra nella pace della morte". Ma prima, che attorno alla croce abbia danzato i suoi "lamenti di madre implorando il ritorno del sole". E — sempre sul tema della passione — l'altro assunto che Cristo spirando abbia reclinato il capo su quello di Maria e lei "ritta sul patibolo, forse su uno sgabello di pietra", sia diventata così "il suo cuscino di morte". Ancora, quella *Maria donna del terzo giorno* che avrebbe assistito prima delle altre non all'apparizione del Risorto, ma all'evento segretissimo della risurrezione. E infine l'altra, che esplica un'incontenibile *maternità* con lo stesso Giuda, nell'uscir di casa per distoglierlo dalla decisione del suicidio e che dopo la deposizione di Gesù va a deporre dall'albero anche lui e gli compone le membra nell'ultima pace. Autentiche "invenzioni" da narratore visionario, o più da ispirato propositore di brevi epiche.

Ma poi in questo scriver libero e svariante l'autore si apre ad ammaestrativi squarci di catechesi ("donaci la certezza che chi obbedisce al Signore non si schianta al suolo, come in un pericoloso spettacolo senza rete, ma cade nelle sue braccia": in *Maria, donna obbediente*); o — da psicologo — inventa per noi quel santuario alla "Madonna della paura" dove ci rifugeremmo tutti, "perché tutti, come Maria, siamo attraversati da quell'umanissimo sentimento che è il segno più chiaro del nostro limite".

Forse — e per antinomia — la dimestichezza con la Madonna, creatura di mirabili silenzi, ha dotato Tonino Bello d'un'*eloquenza* (e intendo qui un'eloquenza di scrittura) fluida e anche letterariamente magistrale. Si legga, giusto in tema di silenzio, il pezzo di bravura dove sono paesaggisticamente ambientati i "silenzi" di Maria nei suoi appuntamenti con Dio; in *Donna del vino nuovo* quel preambolo sulle botti, le cantine e gli odori del mosto in allacciamento al tema enotrio di Cana; o infine, nella difficoltà di trascegliere fra le altre e tante espressive gemme, quella dossologia rivolta a *Maria, donna del sabato santo*. Che prima d'essere un formale gioiello, è per me il profondo messaggio e il più prezioso dono di queste pagine: quel trasmetterci, nel tramite ancora della Vergine, il giubilo della Pasqua, chiamandoci a un quasi dionisiaco ottimismo. «Che cosa faranno gli alberi stanotte, quando suoneranno a stormo le campane? Le piante del giardino spanderanno insieme, come turiboli d'argento, la gloria delle loro resine? E gli animali del bosco ululeranno i loro concerti mentre in chiesa si canta l'*Exultet*? Come reagirà il mare, che brontola sotto la scogliera, all'annuncio della risurrezione? L'angelo in bianche vesti farà fremere le porte anche dei postriboli? Oltre i cancelli del cimitero, sussulteranno sotto il plenilunio le tombe dei miei morti? E le montagne, non viste da nessuno, danzeranno di gioia attorno alle convalli?». Ed è in quell'ora che Maria a noi figli ripeterà che «non c'è croce che non abbia le sue deposizioni. Non c'è amarezza umana che non si stemperi in sorriso. Non c'è peccato che non trovi redenzione. Non c'è sepolcro la cui pietra non sia provvisoria sulla sua imboccatura. Anche le gramaglie più nere trascolorano negli abiti della gioia. Le rapsodie più tragiche accennano ai primi passi di danza. E gli ultimi accordi delle cantilene funebri contengono già i motivi festosi dell'alleluja pasquale».

Ma in codesto "parlare alto" l'autore estemporaneamente infiltra un "dir quotidiano", in confidenziale abbandono. Eccolo allora a coinvolgere femminili creature della sua cerchia diocesana (Antonella, Patrizia, Daniela, Rossella) con le loro piccole sorti domestiche, le tribolazioni e letizie messe in parallelo con Maria. Così in quel penultimo capitolo (*Maria, donna dei nostri giorni*) dove la Vergine è quasi surrealmente trasfusa e mimata nelle mille donnucce del lessico familiare e stradale. Contemporanea; vicina di casa, compagna di scuola e di bottega: "molfettese puro sangue"... Giacché la virtù forse più singolare del libro è questa d'intarsiare per noi una Madonna fatta di levità e teologali trasparenze, misticamente volitante sulle anime nostre, con le valenze d'una creatura pienamente vissuta come noi nel tempo, nel frantume dei giorni, nel destino effimero ma pregnante della propria corporeità e puranche — sì — del proprio apparire e adornarsi.

Allora il nostro non esiterà a proclamare e a celebrare, come se l'avesse lui vista e goduta, la vocazione alla danza di Maria, la sua femminile *bellezza* e ancora, con fantasiosi fraseggi, la sua *eleganza*.

Sulle ali di questi slanci, nelle pulsioni di queste "libertà" ecco che il vescovo, lo scrittore Tonino Bello, ci appare, a lettura conclusa, nella sua aperta dimensione mariologica. Cioè non agiografo; neppure laudese. Cantore, nel senso più melico e lirico; e tuttavia penetratore e aruspice, entro sfere psicologiche e inedite, del suo altissimo soggetto. Non "devoto", ma più; innamorato, dirò, nella pienezza totalizzante di questo sentire. E in tale castissima "cotta" per Maria egli va umilmente, ludicamente ad affratellarsi a quello straordinario personaggio di Anatole France — Le jôngleur de Notre Dame —; il saltimbanco che, fattosi frate, altro culto non volle offrire alla Vergine che il danzare dinanzi alla sua immagine, traducendo in capriole e salti il proprio esuberante amore.

LUIGI SANTUCCI

1.

Maria, donna feriale

Chi sa quante volte l'ho letta senza provare emozioni. L'altra sera, però, quella frase del Concilio, riportata sotto un'immagine della Madonna, mi è parsa così audace, che sono andato alla fonte per controllarne l'autenticità.

Proprio così. Al quarto paragrafo del decreto sull'Apostolato dei laici c'è scritto testualmente: «Maria viveva sulla terra una vita comune a tutti, piena di sollecitudini familiari e di lavoro».

Intanto, «Maria viveva sulla terra».

Non sulle nuvole. I suoi pensieri non erano campati in aria. I suoi gesti avevano come soggiorno obbligato i perimetri delle cose concrete.

Anche se l'estasi era l'esperienza a cui Dio spesso la chiamava, non si sentiva dispensata dalla fatica di stare con i piedi per terra.

Lontana dalle astrattezze dei visionari, come dalle evasioni degli scontenti o dalle fughe degli illusionisti, conservava caparbiamente il domicilio nel terribile quotidiano.

Ma c'è di più: «Viveva una vita comune a tutti».

Simile, cioè, alla vita della vicina di casa. Beveva l'acqua dello stesso pozzo. Pestava il grano nello stesso mortaio. Si sedeva al fresco dello stesso cortile.

Anche lei tornava stanca alla sera, dopo aver spigolato nei campi.

Anche a lei, un giorno dissero: «Maria, ti stai facendo i capelli bianchi». Si specchiò, allora, alla fontana e provò anche lei la struggente nostalgia di tutte le donne, quando si accorgono che la giovinezza sfiorisce.

Le sorprese, però, non sono finite, perché venire a sapere che la vita di Maria fu «piena di sollecitudini familiari e di lavoro» come la nostra, ci rende questa creatura così inquilina con le fatiche umane, da farci sospettare che la nostra penosa ferialità non debba essere poi così banale come pensiamo.

Sì, anche lei ha avuto i suoi problemi: di salute, di economia, di rapporti, di adattamento.

Chi sa quante volte è tornata dal lavatoio col mal di capo, o sovrappensiero perché Giuseppe da più giorni vedeva diradarsi i clienti dalla bottega.

Chi sa a quante porte ha bussato chiedendo qualche giornata di lavoro per il suo Gesù, nella stagione dei frantoi.

Chi sa quanti meriggi ha malinconicamente consumato a rivoltare il pastrano già logoro di Giuseppe, e ricavarne un mantello perché suo figlio non sfigurasse tra i compagni di Nazaret.

Come tutte le mogli, avrà avuto anche lei momenti di crisi nel rapporto con suo marito, del quale, taciturno com'era, non sempre avrà capito i silenzi.

Come tutte le madri, ha spiato pure lei, tra timori e speranze, nelle pieghe tumultuose dell'adolescenza di suo figlio.

Come tutte le donne, ha provato pure lei la sofferenza di non sentirsi compresa, neppure dai due amori più grandi che avesse sulla terra. E avrà temuto di deluderli. O di non essere all'altezza del ruolo.

E, dopo aver stemperato nelle lacrime il travaglio di una solitudine immensa, avrà ritrovato finalmente nella preghiera, fatta insieme, il gaudio di una comunione sovrumana.

Santa Maria, donna feriale, forse tu sola puoi capire che questa nostra follia di ricondurti entro i confini dell'esperienza terra terra, che noi pure viviamo, non è il segno di mode dissacratorie.

Se per un attimo osiamo toglierti l'aureola, è perché vogliamo vedere quanto sei bella a capo scoperto.

Se spegniamo i riflettori puntati su di te, è perché ci sembra di misurare meglio l'onnipotenza di Dio, che dietro le ombre della tua carne ha nascosto le sorgenti della luce.

Sappiamo bene che sei stata destinata a navigazioni di alto mare. Ma se ti costringiamo a veleggiare sotto costa, non è perché vogliamo ridurti ai livelli del nostro piccolo cabotaggio. È perché, vedendoti così vicina alle spiagge del nostro scoraggiamento, ci possa afferrare la coscienza di essere chiamati pure noi ad avventurarci, come te, negli oceani della libertà.

Santa Maria, donna feriale, aiutaci a comprendere che il capitolo più fecondo della teologia non è quello che ti pone all'interno della Bibbia o della patristica, della spiritualità o della liturgia, dei dogmi o dell'arte. Ma è quello che ti colloca all'interno della casa di Nazaret, dove tra pentole e telai, tra lacrime e preghiere, tra gomitoli di lana e rotoli della Scrittura, hai sperimentato, in tutto lo spessore della tua antieroica femminilità, gioie senza malizia, amarezze senza disperazioni, partenze senza ritorni.

Santa Maria, donna feriale, liberaci dalle nostalgie dell'epopea, e insegnaci a considerare la vita quotidiana come il cantiere dove si costruisce la storia della salvezza.

Allenta gli ormeggi delle nostre paure, perché possiamo sperimentare come te l'abbandono alla volontà di Dio nelle pieghe prosaiche del tempo e nelle agonie lente delle ore.

E torna a camminare discretamente con noi, o creatura straordinaria innamorata di normalità, che prima di essere incoronata regina del cielo, hai ingoiato la polvere della nostra povera terra.

2.

Maria, donna senza retorica

Lo so bene: non è un'invocazione da mettere nelle litanie lauretane. Ma se dovessimo riformulare le nostre preghiere a Maria in termini più laici, il primo appellativo da darle dovrebbe essere questo: donna senza retorica.

Donna vera, prima di tutto. Come Antonella, la ragazza di Beppe, che ancora non può sposarsi perché disoccupata e anche lui è senza lavoro. Come Angela, la parrucchiera della città vecchia che vive felice con suo marito. Come Isabella, la vedova di Leo che il mese scorso è morto in un naufragio, lasciandola con tre figli sulle spalle. Come Rosanna, la suora stimmatina che lavora tra i tossicodipendenti della Casa di accoglienza di Ruvo.

Donna vera, perché acqua e sapone. Perché senza trucchi spirituali. Perché, pur benedetta tra tutte le donne, passerebbe irriconoscibile in mezzo a loro se non fosse per quell'abbigliamento che Dio ha voluto confezionarle su misura: «Vestita di sole e coronata di stelle».

Donna vera, ma, soprattutto, donna di poche parole. Non perché timida, come Rossella che tace sempre per paura di sbagliare. Non perché irresoluta, come Daniela che si arrende sistematicamente ai soprusi del marito, al punto che tronca ogni discussione dandogli sempre ragione. Non perché arida di sentimenti o incapace di esprimerli, come Lella, che pure di sentimenti ne ha da vendere, ma non sa mai da dove cominciare e rimane sempre zitta.

Donna di poche parole, perché, afferrata dalla Parola, ne ha così vissuta la lancinante essenzialità, da saper distinguere senza molta fatica il genuino tra mille surrogati, il panno forte nella sporta degli straccivendoli, la voce autentica in una libreria di apocrifi, il quadro d'autore nel cumulo delle contraffazioni.

Nessun linguaggio umano deve essere stato così pregnante come quello di Maria. Fatto di monosillabi, veloci come un «sì». O di sussurri, brevi come un «fiat». O di abbandoni, totali come un «amen». O di riverberi biblici, ricuciti dal filo di una sapienza antica, alimentata da fecondi silenzi.

Icona dell'antiretorica, non posa per nessuno. Neppure per il suo Dio. Tanto meno per i predicatori, che l'hanno spesso usata per gli sfoghi della loro prolissità.

Proprio perché in lei non c'è nulla di declamatorio, ma tutto è preghiera, vogliamo farci accompagnare da lei lungo i tornanti della nostra povera vita, in un digiuno che sia, soprattutto, di parole.

Santa Maria, donna senza retorica, prega per noi inguaribilmente malati di magniloquenza.

Abili nell'usare la parola per nascondere i pensieri più che per rivelarli, abbiamo perso il gusto della semplicità.

Convinti che per affermarsi nella vita bisogna saper parlare anche quando non si ha nulla da dire, siamo diventati prolissi e incontinenti.

Esperti nel tessere ragnatele di vocaboli sui crateri del «non senso», precipitiamo spesso nelle trappole nere dell'assurdo come mosche nel calamaio.

Incapaci di andare al centro delle cose, ci siamo creati un'anima barocca che adopera i vocaboli come fossero stucchi, e aggiriamo i problemi con le volute delle nostre furbizie letterarie.

Santa Maria, donna senza retorica, prega per noi peccatori, sulle cui labbra la parola si sfarina in un turbine di suoni senza costrutto. Si sfalda in mille squame di accenti disperati. Si fa voce, ma senza farsi mai carne. Ci riempie la bocca, ma lascia vuoto il grembo. Ci dà l'illusione della comunione, ma non raggiunge neppure la dignità del soliloquio. E anche dopo che ne abbiamo pronunciate tante, perfino con eleganza e a getto continuo, ci lascia nella pena di una indicibile aridità: come i mascheroni di certe fontane che non danno più acqua e sul cui volto è rimasta soltanto la contrazione del ghigno.

Santa Maria, donna senza retorica, la cui sovrumana grandezza è sospesa al rapidissimo fremito di un «fiat», prega per noi peccatori, perennemente esposti, tra convalescenze e ricadute, all'intossicazione di parole.

Proteggi le nostre labbra da gonfiori inutili. Fa' che le nostre voci, ridotte all'essenziale, partano sempre dai recinti del mistero e rechino il profumo del silenzio.

Rendici come te, sacramento della trasparenza.

E aiutaci, finalmente, perché nella brevità di un «sì» detto a Dio, ci sia dolce naufragare: come in un mare sterminato.

3.

Maria, donna dell'attesa

La vera tristezza non è quando, la sera, non sei atteso da nessuno al tuo rientro in casa, ma quando tu non attendi più nulla dalla vita.

E la solitudine più nera, la soffri non quando trovi il focolare spento, ma quando non lo vuoi accendere più: neppure per un eventuale ospite di passaggio.

Quando pensi, insomma, che per te la musica è finita. E ormai i giochi sono fatti. E nessun'anima viva verrà a bussare alla tua porta. E non ci saranno più né soprassalti di gioia per una buona notizia, né trasalimenti di stupore per una improvvisata. E neppure fremiti di dolore per una tragedia umana: tanto, non ti resta più nessuno per il quale tu debba temere.

La vita allora scorre piatta verso un epilogo che non arriva mai, come un nastro magnetico che ha finito troppo presto una canzone, e si srotola interminabile, senza dire più nulla, verso il suo ultimo stacco.

Attendere: ovvero sperimentare il gusto di vivere.

Hanno detto addirittura che la santità di una persona si commisura allo spessore delle sue attese. Forse è vero.

Se è così, bisogna concludere che Maria è la più santa delle creature proprio perché tutta la sua vita appare cadenzata dai ritmi gaudiosi di chi aspetta qualcuno.

Già il contrassegno iniziale con cui il pennello di Luca la identifica, è carico di attese: «*Promessa sposa di un uomo della casa di Davide*».

Fidanzata, cioè.

A nessuno sfugge a quale messe di speranze e di batticuori faccia allusione quella parola che ogni donna sperimenta come preludio di misteriose tenerezze. Prima ancora che nel vangelo venga pronunciato il suo nome, di Maria si dice che era fidanzata. Vergine in attesa. In attesa di Giuseppe. In ascolto del frusciare dei suoi sandali, sul far della sera, quando, profumato di legni e di vernici, egli sarebbe venuto a parlarle dei suoi sogni.

Ma anche nell'ultimo fotogramma con cui Maria si congeda dalle Scritture essa viene colta dall'obiettivo nell'atteggiamento dell'attesa.

Lì, nel Cenacolo, al piano superiore, in compagnia dei discepoli, in attesa dello Spirito. In ascolto del frusciare della sua ala, sul fare del giorno, quando, profumato di unzioni e di santità, egli sarebbe disceso sulla Chiesa per additarle la sua missione di salvezza.

Vergine in attesa, all'inizio.

Madre in attesa, alla fine.

E nell'arcata sorretta da queste due trepidazioni, una così umana e l'altra così divina, cento altre attese struggenti.

L'attesa di lui, per nove lunghissimi mesi. L'attesa di adempimenti legali festeggiati con frustoli di povertà e gaudi di parentele. L'attesa del giorno, l'unico che lei avrebbe voluto di volta in volta rimandare, in cui suo figlio sarebbe uscito di casa senza farvi ritorno mai più. L'attesa dell'«ora»: l'unica per la quale non avrebbe saputo frenare l'impazienza e di cui, prima del tempo, avrebbe fatto traboccare il carico di grazia sulla mensa degli uomini. L'attesa dell'ultimo rantolo dell'unigenito inchiodato sul legno. L'attesa del terzo giorno, vissuta in veglia solitaria, davanti alla roccia.

Attendere: infinito del verbo amare. Anzi, nel vocabolario di Maria, amare all'infinito.

Santa Maria, vergine dell'attesa, donaci del tuo olio perché le nostre lampade si spengono. Vedi: le riserve si sono consumate. Non ci mandare ad altri venditori. Riaccendi nelle nostre anime gli antichi fervori che ci bruciavano dentro, quando bastava un nonnulla per farci trasalire di gioia: l'arrivo di un amico lontano, il rosso di sera dopo un temporale, il crepitare del ceppo che d'inverno sorvegliava i rientri in casa, le campane a stormo nei giorni di festa, il sopraggiungere delle rondini in primavera, l'acre odore che si sprigionava dalla stretta dei frantoi, le cantilene autunnali che giungevano dai palmenti, l'incurvarsi tenero e misterioso del grembo materno, il profumo di spigo che irrompeva quando si preparava una culla.

Se oggi non sappiamo attendere più, è perché siamo a corto di speranza. Se ne sono disseccate le sorgenti. Soffriamo una profonda crisi di desiderio. E, ormai paghi dei mille surrogati che ci assediano, rischiamo di non aspettarci più nulla neppure da quelle promesse ultraterrene che sono state firmate col sangue dal Dio dell'alleanza.

Santa Maria, donna dell'attesa, conforta il dolore delle madri per i loro figli che, usciti un giorno di casa, non ci son tornati mai più, perché uccisi da un incidente stradale o perché sedotti dai richiami della giungla. Perché dispersi dalla furia della guerra o perché risucchiati dal turbine delle passioni. Perché travolti dalla tempesta del mare o perché travolti dalle tempeste della vita.

Riempi i silenzi di Antonella, che non sa che farsene dei suoi giovani anni, dopo che lui se n'è andato con un'altra. Colma di pace il vuoto interiore di Massimo, che nella vita le ha sbagliate tutte, e l'unica attesa che ora lo lusinga è quella della morte. Asciuga le lacrime di Patrizia, che ha coltivato tanti sogni a occhi aperti, e per la cattiveria della gente se li è visti così svanire a uno a uno, che ormai teme anche di sognare a occhi chiusi.

Santa Maria, vergine dell'attesa, donaci un'anima vigiliare. Giunti alle soglie del terzo millennio, ci sentiamo purtroppo più figli del crepuscolo che profeti dell'avvento. Sentinella del mattino, ridestaci nel cuore la passione di giovani annunci da portare al mondo, che si sente già vecchio. Portaci, finalmente, arpa e cetra, perché con te mattiniera possiamo svegliare l'aurora.

Di fronte ai cambi che scuotono la storia, donaci di sentire sulla pelle i brividi dei cominciamenti. Facci capire che non basta accogliere: bisogna attendere. Accogliere talvolta è segno di rassegnazione. Attendere è sempre segno di speranza. Rendici, perciò, ministri dell'attesa. E il Signore che viene, Vergine dell'avvento, ci sorprenda, anche per la tua materna complicità, con la lampada in mano.

4.

Maria, donna innamorata

I love you. Je t'aime. Te quiero. Ich liebe Dich.

Ti voglio bene, insomma.

Io non so se ai tempi di Maria si adoperassero gli stessi messaggi d'amore, teneri come giaculatorie e rapidi come graffiti, che le ragazze di oggi incidono furtivamente sul libro di storia o sugli zaini colorati dei loro compagni di scuola.

Penso, però, che, se non proprio con la penna a sfera sui *jeans*, o con i gessetti sui muri, le adolescenti di Palestina si comportassero come le loro coetanee di oggi.

Con «stilo di scriba veloce» su una corteccia di sicomòro, o con la punta del vincastro sulle sabbie dei pascoli, un codice dovevano pure averlo per trasmettere ad altri quel sentimento, antico e sempre nuovo, che scuote l'anima di ogni essere umano quando si apre al mistero della vita: ti voglio bene!

Anche Maria ha sperimentato quella stagione splendida dell'esistenza, fatta di stupori e di lacrime, di trasalimenti e di dubbi, di tenerezza e di trepidazione, in cui, come in una coppa di cristallo, sembrano distillarsi tutti i profumi dell'universo.

Ha assaporato pure lei la gioia degli incontri, l'attesa delle feste, gli slanci dell'amicizia, l'ebbrezza della danza, le innocenti lusinghe per un complimento, la felicità per un abito nuovo.

Cresceva come un'anfora sotto le mani del vasaio, e tutti si interrogavano sul mistero di quella trasparenza senza scorie e di quella freschezza senza ombre.

Una sera, un ragazzo di nome Giuseppe prese il coraggio a due mani e le dichiarò: «Maria, ti amo». Lei gli rispose, veloce come un brivido: «Anch'io». E nell'iride degli occhi le sfavillarono, riflesse, tutte le stelle del firmamento.

Le compagne, che sui prati sfogliavano con lei i petali di verbena, non riuscivano a spiegarsi come facesse a comporre i suoi rapimenti in Dio e la sua passione per una creatura. Il sabato la vedevano assorta nell'esperienza sovrumana dell'estasi, quando, nei cori della sinagoga, cantava: «O Dio, tu sei il mio Dio, dall'aurora ti cerco: di te ha sete l'anima mia come terra deserta, arida, senz'acqua». Poi la sera rimanevano stupite quando, raccontandosi a vicenda le loro pene d'amore sotto il plenilunio, la sentivano parlare del suo fidanzato, con le cadenze del Cantico dei cantici: «Il mio diletto è riconoscibile tra mille... I suoi occhi, come colombe su ruscelli di acqua... Il suo aspetto è come quello del Libano, magnifico tra i cedri...».

Per loro, questa composizione era un'impresa disperata. Per Maria, invece, era come mettere insieme i due emistichi d'un versetto dei salmi.

Per loro, l'amore umano che sperimentavano era come l'acqua di una cisterna: limpidissima, sì, ma con tanti detriti sul fondo. Bastava un nonnulla perché i fondigli si rimescolassero e le acque divenissero torbide. Per lei, no.

Non potevano mai capire, le ragazze di Nazaret, che l'amore di Maria non aveva fondigli, perché il suo era un pozzo senza fondo.

Santa Maria, donna innamorata, roveto inestinguibile di amore, noi dobbiamo chiederti perdono per aver fatto un torto alla tua umanità. Ti abbiamo ritenuta capace solo di fiamme che si alzano verso il cielo, ma poi, forse per paura di contaminarti con le cose della terra, ti abbiamo esclusa dall'esperienza delle piccole scintille di quaggiù. Tu, invece, rogo di carità per il Creatore, ci sei maestra anche di come si amano le creature. Aiutaci, perciò, a ricomporre le assurde dissociazioni con cui, in tema di amore, portiamo avanti contabilità separate: una per il cielo (troppo povera in verità), e l'altra per la terra (ricca di voci, ma anemica di contenuti).

Facci capire che l'amore è sempre santo, perché le sue vampe partono dall'unico incendio di Dio. Ma facci comprendere anche che, con lo stesso fuoco, oltre che accendere lampade di gioia, abbiamo la triste possibilità di fare terra bruciata delle cose più belle della vita.

Perciò, Santa Maria, donna innamorata, se è vero, come canta la liturgia, che tu sei la «Madre del bell'amore», accoglici alla tua scuola. Insegnaci ad amare. È un'arte difficile che si impara lentamente. Perché si tratta di liberare la brace, senza spegnerla, da tante stratificazioni di cenere.

Amare, voce del verbo morire, significa decentrarsi. Uscire da sé. Dare senza chiedere. Essere discreti al limite del silenzio. Soffrire per far cadere le squame dell'egoismo. Togliersi di mezzo quando si rischia di compromettere la pace di una casa. Desiderare la felicità dell'altro. Rispettare il suo destino. E scomparire, quando ci si accorge di turbare la sua missione.

Santa Maria, donna innamorata, visto che il Signore ti ha detto: «Sono in te tutte le mie sorgenti», facci percepire che è sempre l'amore la rete sotterranea di quelle lame improvvise di felicità che, in alcuni momenti della vita, ti trapassano lo spirito, ti riconciliano con le cose e ti danno la gioia di esistere.

Solo tu puoi farci cogliere la santità che soggiace a quegli arcani trasalimenti dello spirito, quando il cuore sembra fermarsi o battere più forte, dinanzi al miracolo delle cose: i pastelli del tramonto, il profumo dell'oceano, la pioggia nel pineto, l'ultima neve di primavera, gli accordi di mille violini suonati dal vento, tutti i colori dell'arcobaleno... Vaporano allora, dal sottosuolo delle memorie, aneliti religiosi di pace, che si congiungono con attese di approdi futuri, e ti fanno sentire la presenza di Dio.

Aiutaci perché in quegli attimi veloci di innamoramento con l'universo possiamo intuire che le salmodie notturne delle claustrali e i balletti delle danzatrici del Bolscioi hanno la medesima sorgente di carità. E che la fonte ispiratrice della melodia che al mattino risuona in una cattedrale è la stessa del ritornello che si sente giungere la sera... da una rotonda sul mare: «Parlami d'amore, Mariù».

5.

Maria, donna gestante

«*Rimase con lei circa tre mesi. Poi tornò a casa sua*».

Il vangelo stavolta non dice se vi tornò «*in fretta*», come fu per il viaggio di andata. Ma c'è da supporlo.

Da Nazaret era quasi scappata di corsa, senza salutare nessuno. Quell'incredibile chiamata di Dio l'aveva sconvolta. Era come se, improvvisamente, all'interno della sua casetta si fosse spalancato un cratere e lei vi camminasse sul ciglio in preda alle vertigini. E allora, per non precipitare nell'abisso, si era aggrappata alla montagna.

Ma ora bisognava tornare. Quei tre mesi di altura le erano bastati per placare i tumulti interiori. Vicino a Elisabetta aveva portato a compimento il noviziato di una gestazione di cui cominciava lentamente a dipanare il segreto.

Ora bisognava scendere in pianura e affrontare i problemi terra terra a cui va incontro ogni donna in attesa. Con qualche complicazione in più. Come dirglielo a Giuseppe? E alle compagne con cui aveva condiviso fino a poco tempo prima i suoi sogni di ragazza innamorata, come avrebbe spiegato il mistero che le era scoppiato nel grembo? Che avrebbero detto in paese?

Sì, anche a Nazaret voleva giungere in fretta. Perciò accelerava l'andatura, quasi danzando sui sassi. Oltretutto, su quei sentieri di campagna, vi si sentiva sospinta come dal vento, di cui, però, le foglie degli ulivi e i pampini delle viti non lasciavano percepire la brezza, nell'immota calura dell'estate di Palestina.

Per placare il batticuore, che pure tre mesi prima non aveva provato in salita, si sedette sull'erba.

Solo allora si accorse che il ventre le si era curvato come una vela. E capì per la prima volta che quella vela non si issava sul suo fragile scafo di donna, ma sulla grande nave del mondo per condurla verso spiagge lontane.

Non fece in tempo a rientrare in casa, che Giuseppe, senza chiederle neppure che rendesse più esaurienti le spiegazioni fornitegli dall'angelo, se la portò subito con sé.

Ed era contento di starle vicino. Ne spiava i bisogni. Ne capiva le ansie. Ne interpretava le improvvise stanchezze. Ne assecondava i preparativi per un natale che ormai non doveva tardare.

Una notte, lei gli disse: «Senti, Giuseppe, si muove». Lui, allora, le posò sul grembo la mano, leggera come battito di palpebra, e rabbrividì di felicità.

Maria non fu estranea alle tribolazioni a cui è assoggettata ogni comune gestante. Anzi, era come se si concentrassero in lei le speranze, sì, ma anche le paure di tutte le donne in attesa. Che ne sarà di questo frutto, non ancora maturo, che mi porto nel seno? Gli vorrà bene la gente? Sarà contento di esistere? E quanto peserà su di me il versetto della Genesi: «*Partorirai i figli nel dolore*»?

Cento domande senza risposta. Cento presagi di luce. Ma anche cento inquietudini. Che si intrecciavano attorno a lei quando le parenti, la sera, restavano a farle compagnia fino a tardi. Lei ascoltava senza turbarsi. E sorrideva ogni volta che qualcuna mormorava: «Scommetto che sarà femmina».

Santa Maria, donna gestante, creatura dolcissima che nel tuo corpo di vergine hai offerto all'Eterno la pista d'atterraggio nel tempo, scrigno di tenerezza entro cui è venuto a rinchiudersi Colui che i cieli non riescono a contenere, noi non potremo mai sapere con quali parole gli rispondevi, mentre te lo sentivi balzare sotto il cuore, quasi volesse intrecciare anzi tempo colloqui d'amore con te. Forse in quei momenti ti sarai posta la domanda se fossi tu a donargli i battiti, o fosse lui a prestarti i suoi.

Vigilie trepide di sogni, le tue. Mentre al telaio, risonante di spole, gli preparavi con mani veloci pannolini di lana, gli tessevi lentamente, nel silenzio del grembo, una tunica di carne. Chi sa quante volte avrai avuto il presentimento che quella tunica, un giorno, gliel'avrebbero lacerata. Ti sfiorava allora un fremito di mestizia, ma poi riprendevi a sorridere pensando che tra non molto le donne di Nazaret, venendoti a trovare dopo il parto, avrebbero detto: «Rassomiglia tutto a sua madre».

Santa Maria, donna gestante, fontana attraverso cui, dalle falde dei colli eterni, è giunta fino a noi l'acqua della vita, aiutaci ad accogliere come dono ogni creatura che si affaccia a questo mondo. Non c'è ragione che giustifichi il rifiuto. Non c'è violenza che legittimi violenza. Non c'è programma che non possa saltare di fronte al miracolo di una vita che germoglia.

Mettiti, ti preghiamo, accanto a Marilena, che, a quarant'anni, si dispera perché non sa accettare una maternità indesiderata. Sostieni Rosaria, che non sa come affrontare la gente, dopo che lui se n'è andato, lasciandola col suo destino di ragazza madre. Suggerisci parole di perdono a Lucia, che, dopo quel gesto folle, non sa darsi pace e intride ogni notte il cuscino con lacrime di pentimento. Riempi di gioia la casa di Antonietta e Marco, la quale non risuonerà mai di vagiti, e di' ad essi che l'indefettibilità del loro reciproco amore è già una creatura che basta a riempire tutta l'esistenza.

Santa Maria, donna gestante, grazie perché, se Gesù l'hai portato nel grembo nove mesi, noi, ci stai portando tutta la vita. Donaci le tue fattezze. Modellaci sul tuo volto. Trasfondici i lineamenti del tuo spirito.

Perché, quando giungerà per noi il *dies natalis*, se le porte del cielo ci si spalancheranno dinanzi senza fatica, sarà solo per questa nostra, sia pur pallida, somiglianza con te.

6.

Maria, donna accogliente

La frase si trova in un testo del Concilio, ed è splendida per dottrina e concisione. Dice che, all'annuncio dell'angelo, Maria vergine «accolse nel cuore e nel corpo il Verbo di Dio».

Nel cuore e nel corpo.

Fu, cioè, discepola e madre del Verbo. Discepola, perché si mise in ascolto della Parola, e la conservò per sempre nel cuore. Madre, perché offrì il suo grembo alla Parola, e la custodì per nove mesi nello scrigno del corpo. Sant'Agostino osa dire che Maria fu più grande per aver accolto la Parola nel cuore che per averla accolta nel grembo.

Forse per capire fino in fondo la bellezza di questa verità, il vocabolario non basta. Bisogna ricorrere alle espressioni visive. E allora non c'è di meglio che rifarsi a una celebre icona orientale, che raffigura Maria col divin Figlio Gesù inscritto sul petto. È indicata come la *Madonna del segno*, ma potrebbe essere chiamata la *Madonna dell'accoglienza*, perché con gli avambracci levati in alto, in atteggiamento di offertorio o di resa, essa appare il simbolo vivo della più gratuita ospitalità.

Accolse nel cuore.

Fece largo, cioè, nei suoi pensieri ai pensieri di Dio; ma non si sentì per questo ridotta al silenzio. Offrì volentieri il terreno vergine del suo spirito alla germinazione del Verbo; ma non si considerò espropriata di nulla. Gli cedette con gioia il suolo più inviolabile della sua vita interiore; ma senza dover ridurre gli spazi della sua libertà. Diede stabile alloggio al Signore nelle stanze più segrete della sua anima; ma non ne sentì la presenza come violazione di domicilio.

Accolse nel corpo.

Sentì, cioè, il peso fisico di un altro essere che prendeva dimora nel suo grembo di madre. Adattò, quindi, i suoi ritmi a quelli dell'ospite. Modificò le sue abitudini, in funzione di un compito che non le alleggeriva certo la vita. Consacrò i suoi giorni alla gestazione di una creatura che non le avrebbe risparmiato preoccupazioni e fastidi. E poiché il frutto benedetto del suo seno era il Verbo di Dio che si incarnava per la salvezza dell'umanità, capì di aver contratto con tutti i figli di Eva un debito di accoglienza che avrebbe pagato con cambiali di lacrime.

Accolse nel cuore e nel corpo il Verbo di Dio.

Quella ospitalità fondamentale la dice lunga sullo stile di Maria, delle cui mille altre accoglienze il vangelo non parla, ma che non ci è difficile intuire. Nessuno fu mai respinto da lei. E tutti trovarono riparo sotto la sua ombra. Dalle vicine di casa, alle antiche compagne di Nazaret. Dai parenti di Giuseppe, agli amici di gioventù di suo figlio. Dai poveri della contrada, ai pellegrini di passaggio. Da Pietro in lacrime dopo il tradimento, a Giuda che forse quella notte non riuscì a trovarla in casa...

Santa Maria, donna accogliente, aiutaci ad accogliere la Parola nell'intimo del cuore. A capire, cioè, come hai saputo fare tu, le irruzioni di Dio nella nostra vita. Egli non bussa alla porta per intimarci lo sfratto, ma per riempire di luce la nostra solitudine. Non entra in casa per metterci le manette, ma per restituirci il gusto della vera libertà.

Lo sappiamo: è la paura del nuovo a renderci spesso inospitali nei confronti del Signore che viene. I cambiamenti ci danno fastidio. E siccome lui scombina sempre i nostri pensieri, mette in discussione i nostri programmi e manda in crisi le nostre certezze, ogni volta che sentiamo i suoi passi, evitiamo di incontrarlo, nascondendoci dietro la siepe, come Adamo tra gli alberi dell'Eden. Facci comprendere che Dio, se ci guasta i progetti, non ci rovina la festa; se disturba i nostri sonni, non ci toglie la pace. E una volta che l'avremo accolto nel cuore, anche il nostro corpo brillerà della sua luce.

Santa Maria, donna accogliente, rendici capaci di gesti ospitali verso i fratelli. Sperimentiamo tempi difficili, in cui il pericolo di essere defraudati dalla cattiveria della gente ci fa vivere tra porte blindate e sistemi di sicurezza. Non ci fidiamo più l'uno dell'altro. Vediamo agguati dappertutto. Il sospetto è divenuto organico nei rapporti col prossimo. Il terrore di essere ingannati ha preso il sopravvento sugli istinti di solidarietà che pure ci portiamo dentro. E il cuore se ne va a pezzi dietro i cancelli dei nostri recinti.

Disperdi, ti preghiamo, le nostre diffidenze. Facci uscire dalla trincea degli egoismi corporativi. Sfascia le cinture delle leghe. Allenta le nostre ermetiche chiusure nei confronti di chi è diverso da noi. Abbatti le nostre frontiere: le frontiere culturali, prima di quelle geografiche. Queste ultime cedono ormai sotto l'urto dei popoli «altri», ma le prime restano tenacemente impermeabili. Visto allora che siamo costretti ad accogliere gli stranieri nel corpo della nostra terra, aiutaci perché possiamo accoglierli anche nel cuore della nostra civiltà.

Santa Maria, donna accogliente, ostensorio del corpo di Gesù deposto dalla croce, accoglici sulle tue ginocchia quando avremo reso lo spirito anche noi. Dona alla nostra morte la quiete fiduciosa di chi poggia il capo sulla spalla della madre e si addormenta sereno. Tienici per un poco sul tuo grembo, così come ci hai tenuti nel cuore per tutta la vita. Compi su di noi i rituali delle ultime purificazioni. E portaci, finalmente, sulle tue braccia davanti all'Eterno.

Perché solo se saremo presentati da te, sacramento della tenerezza, potremo trovare pietà.

7.

Maria, donna del primo passo

Debbo chiederlo agli specialisti. Non riesco a spiegarmi, infatti, perché mai quella parola del testo greco, che a me sembra così densa di allusioni, non sia passata nella traduzione italiana.

Mi spiego. Quando, al primo capitolo del suo vangelo, Luca dice che, partito l'angelo da Nazaret, «Maria si mise in viaggio verso la montagna e raggiunse in fretta la città di Giuda», nel testo originale, dopo la parola Maria, c'è un participio: «anastàsa».

Letteralmente significa: «alzàtasi». E potrebbe essere una locuzione stereotipa: uno di quei tanti termini ripetitivi, cioè, che nei nostri discorsi fanno da mastice tra un racconto e l'altro. Se fosse così, data la sua insignificanza espressiva, l'omissione nel testo italiano si giustificherebbe in pieno.

Ma, a ben guardare, la parola «anastàsa» ha la stessa radice del sostantivo «anàstasis», il classico vocabolo che indica l'avvenimento centrale della nostra fede e, cioè, la risurrezione del Signore. Sicché, potrebbe essere tradotta tranquillamente con «risorta».

E allora, tenuto conto che Luca rilegge l'infanzia di Gesù alla luce degli avvenimenti pasquali, è proprio fuori posto sospettare che la parola «anastàsa» sia qualcosa di più di uno stereotipo inespressivo? È rischioso pensare che voglia alludere, invece, a Maria come simbolo della Chiesa «risorta» che, in tutta fretta, si muove a portare lieti annunci al mondo? È un po' troppo affermare che sotto quella parola si condensi il compito missionario della Chiesa, la quale, dopo la risurrezione del Signore, ha il compito di portare nel grembo Gesù Cristo per offrirlo agli altri, come appunto fece Maria con Elisabetta?

La butto lì.

Una conclusione, comunque, mi sembra evidente: che, anche se la parola «anastàsa» non ha quella pregnanza teologica di cui ho parlato, sta, però, a sottolineare per lo meno una cosa: la risolutezza di Maria.

È lei che decide di muoversi per prima: non viene sollecitata da nessuno. È lei che s'inventa questo viaggio: non riceve suggerimenti dall'esterno. È lei che si risolve a fare il primo passo: non attende che siano gli altri a prendere l'iniziativa.

Dall'accenno discretissimo dell'angelo ha avuto la percezione che la sua parente doveva trovarsi in serie difficoltà. Perciò, senza frapporre indugi e senza stare a chiedersi se toccava a lei o meno dare inizio alla partita, ha fatto bagagli, e via! Su per i monti di Giudea. «In fretta», per giunta. O, come traduce qualcuno, «con preoccupazione».

Ci sono tutti gli elementi per leggere, attraverso questi rapidi spiragli verbali, lo stile intraprendente di Maria. Senza invadenze. Stile confermato, del resto, alle nozze di Cana, quando, dopo aver intuito il disagio degli sposi, senza esserne da loro pregata, giocò la prima mossa e diede scacco matto al re.

Aveva proprio ragione Dante Alighieri nell'affermare che la benignità della Vergine non soccorre soltanto colui che a lei si rivolge, ma «molte fiate liberamente al dimandar precorre».

Santa Maria, donna del primo passo, ministra dolcissima della grazia preveniente di Dio, «àlzati» ancora una volta in tutta fretta, e vieni ad aiutarci prima che sia troppo tardi. Abbiamo bisogno di te. Non attendere la nostra implorazione. Anticipa ogni nostro gemito di pietà. Prenditi il diritto di precedenza su tutte le nostre iniziative.

Quando il peccato ci travolge, e ci paralizza la vita, non aspettare il nostro pentimento. Previeni il nostro grido d'aiuto. Corri subito accanto a noi e organizza la speranza attorno alle nostre disfatte. Se non ci brucerai sul tempo, saremo incapaci perfino di rimorso. Se non sarai tu a muoverti per prima, noi rimarremo nel fango. E se non sarai tu a scavarci nel cuore cisterne di nostalgia, non sentiremo più neppure il bisogno di Dio.

Santa Maria, donna del primo passo, chi sa quante volte, nella tua vita terrena, avrai stupito la gente per avere sempre anticipato tutti gli altri agli appuntamenti del perdono. Chi sa con quale sollecitudine, dopo aver ricevuto un torto dall'inquilina di fronte, ti sei «alzata» per prima e hai bussato alla sua porta, e l'hai liberata dal disagio, e non hai disdegnato il suo abbraccio. Chi sa con quale tenerezza, nella notte del tradimento, ti sei «alzata» per raccogliere nel tuo mantello il pianto amaro di Pietro. Chi sa con quale batticuore sei uscita di casa per distogliere Giuda dalla strada del suicidio: peccato che non l'abbia trovato. Ma c'è da scommettere che, dopo la deposizione di Gesù, sei andata a deporre dall'albero anche lui, e gli avrai composte le membra nella pace della morte.

Donaci, ti preghiamo, la forza di partire per primi ogni volta che c'è da dare il perdono. Rendici, come te, esperti del primo passo. Non farci rimandare a domani un incontro di pace che possiamo concludere oggi. Brucia le nostre indecisioni. Distoglici dalle nostre calcolate perplessità. Liberaci dalla tristezza del nostro estenuante attendismo. E aiutaci perché nessuno di noi faccia stare il fratello sulla brace, ripetendo con disprezzo: tocca a lui muoversi per primo!

Santa Maria, donna del primo passo, esperta come nessun altro del metodo preventivo, abile nel precedere tutti sulla battuta, rapidissima a giocare d'anticipo nelle partite della salvezza, gioca d'anticipo anche sul cuore di Dio.

Sicché, quando busseremo alla porta del cielo, e compariremo davanti all'Eterno, previeni la sua sentenza. «Alzati» per l'ultima volta dal tuo trono di gloria, e vieni incontro a noi. Prendici per mano, e coprici col tuo manto. Con un lampo di misericordia negli occhi, anticipa il suo verdetto di grazia. E saremo sicuri del perdono.

Perché la felicità più grande di Dio è quella di ratificare ciò che hai deciso tu.

8.

Maria, donna missionaria

Gli esperti assicurano che si tratta del testo mariano più antico del Nuovo Testamento. Si trova nel capitolo quarto della lettera ai Galati: «Quando venne la pienezza del tempo, Dio mandò il suo Figlio, nato da donna...».

È un passo che esprime, pur nella sua sobrietà, una suggestione incomparabile, non solo perché ci parla di stagioni ormai mature per la redenzione, ma anche perché, con quel «nato da donna», ci fa capire due cose molto importanti: il radicamento dell'Eterno sul ceppo dell'umanità, e il radicamento di Maria nel progetto salvifico di Dio.

Ciò che, però, personalmente mi colpisce di più in questa frase non è tanto l'esplicita affermazione della maternità divina di Maria, quanto il fatto che ella, fin dal suo timido ingresso iniziale sul vasto proscenio biblico, compare accanto a un missionario. Sì, perché Gesù Cristo è presentato in questo testo come il grande inviato da Dio. Il verbo «mandò», infatti, è il termine tipico per indicare la missione; qualifica il Figlio, in modo chiarissimo, come l'apostolo del Padre.

E allora non vi sembra splendido che Maria, per affacciarsi sulla veranda della storia della salvezza, abbia scelto di esibirsi in pubblico per la prima volta strettamente associata al grande missionario, quasi per significare che il tratto fondamentale della sua figura materna è quello della missionarietà?

Certo, nel vangelo si trovano tanti passi che manifestano più concretamente la funzione missionaria di Maria.

Basterebbe pensare alla visita presso la cugina Elisabetta.

Sembra quasi che la Vergine si muova sotto la spinta dello stesso verbo che ha sollecitato l'angelo Gabriele a portare a Nazaret il lieto annuncio: «Fu mandato».

«Missus est angelus Gabriel a Deo...». Fu mandato!

Troppo forte l'urto di quel verbo: non essendosi esaurito con la discesa dell'angelo sulla terra, ha scaricato il rimanente dinamismo su Maria, che si è messa in viaggio verso le alture di Giudea.

Fu mandata anche lei, insomma. All'origine della sua trasferta c'è ancora una volta il tipico verbo missionario. Lei ha obbedito a quell'impulso. E, portando Cristo nel grembo, è divenuta il primo ostensorio di lui, ha inaugurato le processioni del *Corpus Domini*, ed è andata a portare annunci di liberazione ai parenti lontani.

A questo e ad altri passi si potrebbe pensare ogni volta che si parla di Maria come messaggera della buona novella. A me sembra, però, che, volendo scorgere la dimensione missionaria di lei, non ci sia episodio biblico che possa pareggiare la pregnante forza teologica di quel suo esordio accanto a Cristo, così come viene delineato nella lettera ai Galati.

Santa Maria, donna missionaria, concedi alla tua Chiesa il gaudio di riscoprire, nascoste tra le zolle del verbo «mandare», le radici della sua primordiale vocazione. Aiutala a misurarsi con Cristo, e con nessun altro: come te, che, apparendo agli albori della rivelazione neotestamentaria accanto a lui, il grande missionario di Dio, lo scegliesti come unico metro della tua vita.

Quando la Chiesa si attarda all'interno delle sue tende dove non giunge il grido dei poveri, dàlle il coraggio di uscire dagli accampamenti. Quando viene tentata di pietrificare la mobilità del suo domicilio, rimuovila dalle sue apparenti sicurezze. Quando si adagia sulle posizioni raggiunte, scuotila dalla sua vita sedentaria. Mandata da Dio per la salvezza del mondo, la Chiesa è fatta per camminare, non per sistemarsi.

Nomade come te, mettile nel cuore una grande passione per l'uomo. Vergine gestante come te, additale la geografia della sofferenza. Madre itinerante come te, riempila di tenerezza verso tutti i bisognosi. E fa' che di nient'altro sia preoccupata che di presentare Gesù Cristo, come facesti tu con i pastori, con Simeone, con i magi d'oriente, e con mille altri anonimi personaggi che attendevano la redenzione.

Santa Maria, donna missionaria, noi ti imploriamo per tutti coloro che avendo avvertito, più degli altri, il fascino struggente di quella icona che ti raffigura accanto a Cristo, l'inviato speciale del Padre, hanno lasciato gli affetti più cari per annunciare il vangelo in terre lontane.

Sostienili nella fatica. Ristora la loro stanchezza. Proteggili da ogni pericolo. Dona ai gesti con cui si curvano sulle piaghe dei poveri i tratti della tua verginale tenerezza. Metti sulle loro labbra parole di pace. Fa' che la speranza con cui promuovono la giustizia terrena non prevarichi sulle attese sovrumane di cieli nuovi e terre nuove. Riempi la loro solitudine. Attenua nella loro anima i morsi della nostalgia. Quando hanno voglia di piangere, offri al loro capo la tua spalla di madre.

Rendili testimoni della gioia. Ogni volta che ritornano tra noi, profumati di trincea, fa' che possiamo attingere tutti al loro entusiasmo. Confrontandoci con loro, ci appaia sempre più lenta la nostra azione pastorale, più povera la nostra generosità, più assurda la nostra opulenza. E, recuperando su tanti colpevoli ritardi, sappiamo finalmente correre ai ripari.

Santa Maria, donna missionaria, tonifica la nostra vita cristiana con quell'ardore che spinse te, portatrice di luce, sulle strade della Palestina. Anfora dello Spirito, riversa il suo crisma su di noi, perché ci metta nel cuore la nostalgia degli «estremi confini della terra».

E anche se la vita ci lega ai meridiani e ai paralleli dove siamo nati, fa' che ci sentiamo egualmente sul collo il fiato delle moltitudini che ancora non conoscono Gesù. Spalancaci gli occhi perché sappiamo scorgere le afflizioni del mondo. Non impedire che il clamore dei poveri ci tolga la quiete.

Tu che nella casa di Elisabetta pronunciasti il più bel canto della teologia della liberazione, ispiraci l'audacia dei profeti. Fa' che sulle nostre labbra le parole di speranza non suonino menzognere. Aiutaci a pagare con letizia il prezzo della nostra fedeltà al Signore. E liberaci dalla rassegnazione.

9.

Maria, donna di parte

No, non fu neutrale. Basta leggere il *Magnificat* per rendersi conto che Maria si è schierata. Ha preso posizione, cioè. Dalla parte dei poveri, naturalmente. Degli umiliati e offesi di tutti i tempi. Dei discriminati dalla cattiveria umana e degli esclusi dalla forza del destino. Di tutti coloro, insomma, che non contano nulla davanti agli occhi della storia.

Non mi va di avallare certe interpretazioni che favoriscono una lettura puramente politica del *Magnificat*, quasi fosse, nella lotta continua tra oppressi e oppressori, una specie di *Marsigliese* «ante litteram» del fronte cristiano di liberazione. Significherebbe ridurre di gran lunga gli orizzonti dei sentimenti di Maria, che ha cantato liberazioni più profonde e durature di quelle provocate dalle semplici rivolte sociali. I suoi accenti profetici, pur includendole, vanno oltre le rivendicazioni di una giustizia terrena e scuotono l'assetto di ben più radicali iniquità.

Sta di fatto, però, che sul piano storico Maria ha fatto una precisa scelta di campo. Si è messa dalla parte dei vinti. Ha deciso di giocare con la squadra che perde. Ha scelto di agitare come bandiera gli stracci dei miserabili e non di impugnare i lucidi gagliardetti dei dominatori.

Si è arruolata, per così dire, nell'esercito dei poveri. Ma senza roteare le armi contro i ricchi. Bensì, invitandoli alla diserzione. E intonando, di fronte ai bivacchi notturni del suo accampamento, perché le udissero dall'altro, canzoni cariche di nostalgia.

Ha esaltato, così, la misericordia di Dio. E ci ha rivelato che è partigiano anche lui, visto che prende le difese degli umili e disperde i superbi nei pensieri del loro cuore; stende il suo braccio a favore dei deboli e fa rotolare i violenti dai loro piedistalli con le ossa in frantumi; ricolma di beni gli affamati e si diverte a rimandare i possidenti con un pugno di mosche in mano e con un palmo di naso in fronte.

Qualcuno forse troverà discriminatorio questo discorso, e si chiederà come possa conciliarsi la collocazione di Maria dalla parte dei poveri con l'universalità del suo amore e con la sua riconosciuta tenerezza per i peccatori, di cui i superbi, i prepotenti e i senza cuore sono la razza più inquietante.

La risposta non è semplice. Ma diventa chiara se si riflette che Maria non è come certe madri che, per amor di quieto vivere, danno ragione a tutti e, pur di non creare problemi, finiscono con l'assecondare i soprusi dei figli più discoli. No. Lei prende posizione. Senza ambiguità e senza mezze misure. La parte, però, su cui sceglie di attestarsi non è il fortilizio delle rivendicazioni di classe, e neppure la trincea degli interessi di un gruppo. Ma è il terreno, l'unico, dove lei spera che un giorno, ricomposti i conflitti, tutti i suoi figli, ex oppressi ed ex oppressori, ridiventati fratelli, possano trovare finalmente la loro liberazione.

Santa Maria, donna di parte, come siamo distanti dalla tua logica! Tu ti sei fidata di Dio e, come lui, hai scommesso tutto sui poveri, affiancandoti a loro e facendo della povertà l'indicatore più chiaro del tuo abbandono totale in lui, il quale «ha scelto ciò che nel mondo è stolto per confondere i sapienti; ha scelto ciò che nel mondo è debole per confondere i forti; ha scelto ciò che nel mondo è ignobile e disprezzato e ciò che è nulla per ridurre a nulla le cose che sono». Noi, invece, andiamo più sul sicuro. Non ce la sentiamo di rischiare. Ci vogliamo garantire dagli imprevisti. Sarà pure giusto lo stile aleatorio del Signore, ma intanto preferiamo la praticità terra terra dei nostri programmi. Sicché, pur declamando con la bocca i paradossi di Dio, continuiamo a fare assegnamento sulla forza e sul prestigio, sul denaro e sull'astuzia, sul successo e sul potere.

Quando ci decideremo, sul tuo esempio, a fare scelte umanamente perdenti, nella convinzione che, solo passando dalla tua sponda, potremo redimerci e redimere?

Santa Maria, donna di parte, tiènici lontani dalla tentazione di servire a due padroni. Obbligaci a uscire allo scoperto. Non farci essere così incauti da voler sperimentare impossibili conciliazioni degli opposti. Preservaci dal sacrilegio di legittimare, per un malinteso senso dell'universalità cristiana, le violenze consumate a danno degli oppressi. Quando, per non dispiacere ai potenti o per paura di alienarcene i favori, pratichiamo sconti sul prezzo della verità, còprici il volto di rossore.

Liberaci dall'indifferenza di fronte alle ingiustizie e a chi le compie. Ma donaci la tolleranza. Che è un'attitudine sperimentabile solo se si sta dalla parte dove ti sei messa tu. Perché, in fondo, anche noi siamo di parte. Ma i recinti che ci racchiudono trasudano scomuniche, sanno di setta, sono privi di attese, e non hanno profumi di liberazioni imminenti.

Santa Maria, donna di parte, noi ti preghiamo per la Chiesa di Dio, che, a differenza di te, fa ancora tanta fatica ad allinearsi coraggiosamente con i poveri. In teoria essa dichiara l'«opzione preferenziale» in loro favore. Ma in pratica rimane spesso sedotta dalle manovre accaparratrici dei potenti. Nelle formulazioni dei suoi progetti pastorali decide di «partire dagli ultimi». Ma nei percorsi concreti dei suoi itinerari si mantiene prudenzialmente al coperto, andando a braccetto con i primi.

Aiutala a uscire dalla sua pavida neutralità. Dàlle la fierezza di riscoprirsi coscienza critica delle strutture di peccato che schiacciano gli indifesi e respingono a quote subumane i due terzi del mondo. Ispirale accenti di fiducia.

E mettile sulle labbra le cadenze eversive del *Magnificat*, di cui, talvolta, sembra che abbia smarrito gli accordi.

Solo così potrà dare testimonianza viva di verità e di libertà, di giustizia e di pace. E gli uomini si apriranno ancora una volta alla speranza di un mondo nuovo. Come avvenne quel giorno di duemila anni fa. Sui monti di Giuda.

10.

Maria, donna del primo sguardo

Sì, è stata lei la prima a posare gli occhi sul corpo nudo di Dio.

E l'ha avvolto immediatamente con lo sguardo.

Prima ancora di avvolgerlo in fasce.

Anzi, l'ha coperto subito nei panni, quasi per comprimere la luce di quel corpo e non rimanerne accecata.

Eccolo lì, l'atteso delle genti lambito dagli occhi di Maria, come agnello tremante sfiorato dalla lingua materna.

I patriarchi ne avevano spiato l'arrivo fin dai secoli remoti. Ma, pur inarcando i sopraccigli canuti, non ebbero la gioia di vederlo.

I profeti, con vaticini carichi di mistero, ne avevano disegnato il volto. Ma i loro occhi si erano chiusi senza poterlo fissare da vicino.

I poveri avevano provato mille soprassalti a ogni stormire di notizie. Ma si dovettero accontentare ogni volta di inseguirlo nei sogni.

Nelle notti d'inverno i pastori, al crepitare del bivacco, parlavano di colui che sarebbe venuto. E i loro occhi, mentre si allenavano a sostenere la fiamma dei sarmenti, luccicavano di febbre.

Nelle sere di primavera, dense di presagi, i padri additavano ai figli le stelle del firmamento e li cullavano con le cadenze di antiche elegie: «Oh, se tu squarciassi i cieli e scendessi!...». Poi chiudevano le palpebre anche loro, stanchi di scrutare.

Le fanciulle ebree, profumate di gerani e di desideri, si confidavano l'un l'altra ingenui presentimenti di arcane maternità. Ma nel lampeggiare delle pupille balenava subito la malinconia dolcissima di chi non verrà mai esaudito.

Occhi di vegliardi e di bambini. Occhi di esuli e di oppressi. Occhi di sofferenti e di sognatori.

Quanti occhi protesi verso di lui! Anelanti la vista del suo volto. Delusi per ritardi imprevisti. Stanchi per lunghe vigilie. Fiammeggianti per subitanee speranze. Chiusi sottoterra per sempre, dopo l'ultima struggente invocazione: «Ostende faciem tuam!».

Ed eccolo finalmente lì, l'Emmanuele, bagnato dalle lacrime della puerpera, che scintillano come gemme al guizzar della lanterna.

Gli occhi di Maria tremano d'amore sul corpo di Gesù. Nella loro profondità si riaccende una lunga catena di sguardi inesauditi del passato. Nelle sue pupille si concentra la trepidazione di attese secolari. E nell'iride le si destano all'improvviso fuochi sopiti sotto le ceneri del tempo.

Maria diventa così la donna del primo sguardo.

Solo una creatura come lei, d'altra parte, poteva dare degnamente il benvenuto sulla terra al Figlio di Dio, accarezzandolo con occhi trasparenti di santità.

Dopo di lei, avranno il privilegio di vederlo tanti altri. Lo vedrà Giuseppe. Lo vedranno i pastori. Più tardi, lo vedrà Simeone, che se ne morirà in pace perché i suoi occhi hanno potuto contemplare la salvezza di Dio...

Ma la prima a fasciarlo con la tiepida trama del suo sguardo, nella notte profumata di muschio e di stalla, perché il fieno non lo pungesse e il freddo non lo raggelasse, fu lei.

Donna del primo sguardo: prescelta, cioè, dai secoli eterni per essere, dopo una foresta di attese, riviera limpidissima bagnata dal fiume della grazia.

Santa Maria, donna del primo sguardo, donaci la grazia dello stupore. Il mondo ci ha rubato la capacità di trasalire. Non c'è rapimento negli occhi. Siamo stanchi di aguzzare la vista, perché non ci sono più arrivi in programma. L'anima è riarsa come il greto di un torrente senz'acqua. Le falde profonde della meraviglia si sono prosciugate. Vittime della noia, conduciamo una vita arida di estasi. Ci sfilano sotto gli occhi solo cose già viste, come sequenze di un film ripetute più volte. Ci sfugge l'ora in cui il primo acino d'uva rosseggia tra i pampini. Viviamo stagioni senza primizie di vendemmie. Anzi, sappiamo già quale sapore ogni frutto racchiude sotto la corteccia.

Tu che hai provato le sorprese di Dio, restituiscici, ti preghiamo, il gusto delle esperienze che salvano, e non risparmiarci la gioia degli incontri decisivi che abbiano il sapore della «prima volta».

Santa Maria, donna del primo sguardo, donaci la grazia della tenerezza.

Le tue palpebre, quella notte, sfiorarono l'Agnello deposto ai tuoi piedi con un tiepido brivido d'ala. Le nostre, invece, si poggiano sulle cose, pesanti come pietre. Passano sulla pelle, ruvide come stracci di bottega. Feriscono i volti, come lame di rasoio.

I tuoi occhi vestirono di carità il Figlio di Dio. I nostri, invece, spogliano con cupidigia i figli dell'uomo.

Al primo contatto delle tue pupille con la sorgente della luce si illuminarono gli sguardi delle generazioni passate. Quando, invece, spalanchiamo noi le nostre orbite, contaminiamo anche le cose più sante e spegniamo gli sguardi delle generazioni future.

Tu che hai portato sempre negli occhi incontaminati i riverberi della trasparenza di Dio, aiutaci perché possiamo sperimentare tutta la verità delle parole di Gesù: «La lucerna del corpo è l'occhio; se dunque il tuo occhio è chiaro, tutto il tuo corpo sarà nella luce».

Santa Maria, donna del primo sguardo, grazie perché, curva su quel bambino, ci rappresenti tutti.

Tu sei la prima creatura ad aver contemplato la carne di Dio fatto uomo: e noi vogliamo affacciarci alla finestra degli occhi tuoi per fruire con te di questa primizia.

Ma sei anche la prima creatura della terra che Dio ha

visto con i suoi occhi di carne: e noi vogliamo aggrapparci alle tue vesti per spartire con te questo privilegio.

Grazie, impareggiabile amica dei nostri Natali. Speranza delle nostre solitudini. Conforto dei nostri gelidi presepi senza cori di angeli e senza schiere di pastori.

Perdonaci se i nostri sguardi sono protesi altrove. Se inseguiamo altri volti. Se corriamo dietro ad altre sembianze. Ma tu sai che nel fondo dell'anima ci è rimasta la nostalgia di quello sguardo. Anzi, di quegli sguardi: del tuo e del suo.

E allora, un'occhiata dàccela pure a noi, madre di misericordia. Soprattutto quando sperimentiamo che, a volerci bene, non ci sei rimasta che tu.

11.

Maria, donna del pane

«E lo depose nella mangiatoia».

Nel giro di poche righe, la parola «mangiatoia» è ripetuta tre volte. La qual cosa, tenuto conto dello stile di Luca, insospettisce non poco.

L'evangelista allude: non c'è dubbio. Lui, il pittore, vuole ritrarre Maria nell'atteggiamento di chi riempie il cestino vuoto della mensa. Se è vero che nella mangiatoia si mette il pasto per gli animali, non è difficile leggere in quella collocazione l'intendimento di presentare Gesù, fin dal suo primo apparire, come cibo del mondo. Anzi, come il pane del mondo.

Sotto, quindi, la paglia per le bestie.

Sopra la paglia, il grano macinato e cotto per gli uomini.

Sulla mangiatoia, avvolto in fasce come in candida tovaglia, il pane vivo disceso dal cielo.

Accanto alla mangiatoia, come dinanzi a un tabernacolo, la fornaia di quel pane.

Maria aveva capito bene il suo ruolo fin da quando si era vista condotta dalla Provvidenza a partorire lontano dal suo paese, lì a Betlem: che vuol dire, appunto, casa del pane.

Per questo, nella notte del rifiuto, ha usato la mangiatoia come il canestro di una mensa. Quasi per anticipare, con quel gesto profetico, l'invito che Gesù, nella notte del tradimento, avrebbe rivolto al mondo intero: «Prendete e mangiatene tutti: questo è il mio corpo offerto in sacrificio per voi».

Maria, portatrice di pane, dunque. E non solo di quello spirituale.

Deformeremmo la sua figura se la sottraessimo alla preoccupazione umana di chi si affatica per non lasciare vuota la mensa di casa sua. Sì, ella ha tribolato per il pane materiale. E qualche volta, quando non riusciva a procurarselo, forse avrà pianto in segreto. Come quell'altra Maria, povera donna, che abita in un sottano con una nidiata di figli e col marito disoccupato, e, per insolvenza, non le fanno più credito neppure al negozio di generi alimentari.

Gesù deve aver letto negli occhi splendenti di sua madre il tormento del pane quando manca, e l'estasi del suo aroma quando, caldo di cenere, si sbriciola sulla tovaglia in un arcipelago di croste.

Per questo c'è nel vangelo tanto tripudio di pane, che dividendosi si moltiplica, e, passando di mano in mano, sazia la fame dei poveri adagiati sull'erba, e trabocca nella rimanenza di dodici sporte.

Per questo, al centro della preghiera da rivolgere al Padre, Gesù ha inserito la richiesta del pane quotidiano. E ha lasciato a noi la formula per implorare dalla Madre la grazia di una sua giusta distribuzione, in modo che nessuno dei figli rimanga a digiuno.

Santa Maria, donna del pane, chi sa quante volte all'interno della casa di Nazaret hai sperimentato pure tu la povertà della mensa, che avresti voluto meno indegna del Figlio di Dio. E, come tutte le madri della terra preoccupate di preservare dagli stenti l'adolescenza delle proprie creature, ti sei adattata alle fatiche più pesanti perché a Gesù non mancasse, sulla tavola, una scodella di legumi e, nelle sacche della sua tunica, un pugno di fichi.

Pane di sudore, il tuo. Di sudore, e non di rendita. Come anche quello di Giuseppe, del resto. Il quale, nella bottega di falegname, era tutto contento quando dava gli ultimi ritocchi a una panca che avrebbe barattato con una bisaccia di grano. E nei giorni del forno, quando il profumo caldo di focacce superava quello delle vernici, ti sentiva cantare dall'altra parte, mentre Gesù, osservandoti attorno alla madia, dava anche lui gli ultimi ritocchi alle sue parabole future: «Il regno dei cieli è simile al lievito che una donna prende e impasta con tre misure di farina...».

Santa Maria, donna del pane, tu che hai vissuto la sofferenza di quanti lottano per sopravvivere, svelaci il senso dell'allucinante aritmetica della miseria, con la quale i popoli del Sud un giorno ci presenteranno il conto davanti al tribunale di Dio. Abbi misericordia dei milioni di esseri umani decimati dalla fame. Rendici sensibili alla provocazione del loro grido. Non risparmiarci le inquietudini dinanzi alle scene di bambini che la morte coglie tragicamente attaccati ad aridi seni materni. E ogni pezzo di pane che ci sopravanza metta in crisi la nostra fiducia sull'attuale ordinamento economico, che sembra garantire solo le ragioni dei più forti.

Tu, la cui immagine, quasi fosse un amuleto, pietà di madre o tenerezza di sposa nasconde furtivamente nel bagaglio dell'emigrante o nella valigia di chi affida al mare la sua vita in cerca di fortuna, tempera le lacrime dei poveri ai quali è divenuta troppo amara la terra natale. Alleggerisci la loro solitudine. Non esporli all'umiliazione del rifiuto. Colora di speranza le attese dei disoccupati. E raffrena l'egoismo di chi si è già comodamente sistemato al banchetto della vita. Perché non sono i coperti che mancano sulla mensa. Sono i posti in più che non si vogliono aggiungere a tavola.

Santa Maria, donna del pane, da chi se non da te, nei giorni dell'abbondanza con gratitudine e nelle lunghe sere delle ristrettezze con fiducia, accanto al focolare che crepitava senza schiuma di pentole, Gesù può aver appreso quella frase del Deuteronomio, con cui il tentatore sarebbe stato scornato nel deserto: «Non di solo pane vive l'uomo, ma di ogni parola che esce dalla bocca di Dio»? Ripéticela, quella frase, perché la dimentichiamo facilmente.

Facci capire che il pane non è tutto. Che i conti in banca non bastano a renderci contenti. Che la tavola piena di vivande non sazia, se il cuore è vuoto di verità. Che se manca la pace dell'anima, anche i cibi più raffinati sono privi di sapore.

Perciò, quando ci vedi brancolare insoddisfatti attorno alle nostre dispense stracolme di beni, muoviti a compassione di noi, placa il nostro bisogno di felicità e torna a deporre nella mangiatoia, come quella notte facesti a Betlem, il pane vivo disceso dal cielo. Perché solo chi mangia di quel pane non avrà più fame in eterno.

12.

Maria, donna di frontiera

Compare appena sullo scenario della salvezza, e già la vediamo intenta a varcare confini.

Se non proprio con i visti rilasciati dal Ministero degli Esteri, deve subito vedersela con le tribolazioni che si accompagnano a ogni espatrio forzato. Come una emigrante qualsiasi del Meridione. Anzi, peggio. Perché non deve passare la frontiera per motivi di lavoro. Ma in cerca di asilo politico. Molto chiaro l'ordine trasmesso dall'angelo a Giuseppe: «Alzati, prendi con te il bambino e sua madre e fuggi in Egitto, e resta là finché ti avvertirò, perché Erode sta cercando il bambino per ucciderlo».

Ed eccola lì, sul confine. Da una parte, l'ultima terra rossa di Canaan. Dall'altra, la prima sabbia dei faraoni.

Eccola lì, tremante come una cerva inseguita. È vero che gode del diritto di extraterritorialità, dal momento che stringe tra le braccia colui il cui dominio va «da mare a mare e dal fiume fino agli estremi confini della terra». Ma sa pure che, come salvacondotto, è troppo rischioso esibire quel bambino alla polizia di frontiera.

Il vangelo non ci lascia neppure una riga di quel drammatico momento. Ma non è difficile figurarsi Maria, trepida e coraggiosa, lì, sullo spartiacque di due culture così diverse. Quella foto di gruppo, che Matteo non ha scattato sulla striscia doganale, ma che si conserva ugualmente nell'album del nostro immaginario più vero, rimane una icona di incomparabile suggestione per tutti noi, che oggi siamo chiamati a confrontarci con nuovi costumi e nuovi linguaggi.

Perfino nel suo congedo dalla scena biblica Maria si caratterizza come donna di frontiera. È presente, difatti, nel Cenacolo, quando lo Spirito Santo, scendendo sui membri della Chiesa nascente, li costituisce «testimoni fino agli estremi confini della terra».

Noi non sappiamo se, seguendo Giovanni, ha dovuto varcare ancora una volta le frontiere. Secondo alcuni, avrebbe chiuso i suoi giorni nella città di Efeso: all'estero, cioè. Una cosa è certa: che, dal giorno di Pentecoste, Maria è divenuta madre di «una moltitudine immensa di ogni nazione, razza, popolo e lingua», e ha acquistato una cittadinanza planetaria che le permette di collocarsi su tutte le frontiere del mondo, per dire ai suoi figli che queste, prima o poi, sono destinate a cadere.

Ma c'è un momento ancora più forte in cui Maria si staglia, con tutta la sua grandezza simbolica, come donna di frontiera. È il momento della croce.

Quel legno non solo ha abbattuto il muro di separazione che divideva gli ebrei dai pagani, facendo dei due un popolo solo, ma ha anche riconciliato l'uomo con Dio nell'unica carne di Cristo. La croce rappresenta, perciò, l'ultima linea di demarcazione tra cielo e terra. Il confine, ormai valicabile, tra tempo ed eternità. La frontiera suprema, attraverso la quale la storia umana entra in quella divina e diventa l'unica storia di salvezza.

Ebbene, Maria sta presso quella frontiera. E la bagna di lacrime.

Santa Maria, donna di frontiera, noi siamo affascinati da questa tua collocazione che ti vede, nella storia della salvezza, perennemente attestata sulle linee di confine, tutta tesa non a separare, ma a congiungere mondi diversi che si confrontano.

Tu stai sui crinali che passano tra l'Antico e il Nuovo Testamento. Tu sei l'orizzonte che congiunge le ultime propaggini della notte e i primi chiarori del giorno. Tu sei l'aurora che precede il Sole di giustizia. Tu sei la stella del mattino. In te, come dice la lettera ai Galati, giunge «la pienezza dei tempi» in cui Dio decide di nascere «da donna»: con la tua persona, cioè, si conclude un processo cronologico centrato sulla giustizia, e ne matura un altro centrato sulla misericordia.

Santa Maria, donna di frontiera, grazie per la tua collocazione accanto alla croce di Gesù. Issata fuori dell'abitato, quella croce sintetizza le periferie della storia ed è il simbolo di tutte le marginalità della terra: ma è anche luogo di frontiera, dove il futuro si introduce nel presente, allagandolo di speranza.

È di questa speranza che abbiamo bisogno. Mettiti, perciò, al nostro fianco. Noi oggi stiamo vivendo l'epoca della transizione. Scorgiamo le pietre terminali delle nostre secolari civiltà. Addensàti sugli incroci, ci sentiamo protagonisti di un drammatico trapasso epocale, quasi da un'era geologica all'altra. Ammassàti sul discrimine da cui si divaricano le culture, siamo incerti se scavalcare i paletti catastali che hanno protetto finora le nostre identità. Le «cose nuove» con cui ci obbligano a fare i conti le turbe dei poveri, gli oppressi, i rifugiati, gli uomini di colore, e tutti coloro che mettono a soqquadro le nostre antiche regole del gioco, ci fanno paura. Per difenderci da marocchini e albanesi ingrossiamo i cordoni di sicurezza. Le frontiere, insomma, nonostante il gran parlare sulle nostre panoramiche multirazziali, siamo più tentati a chiuderle che ad aprirle. Perciò abbiamo bisogno di te: perché la speranza abbia il sopravvento e non abbia a collassarci un tragico «shock» da futuro.

Santa Maria, donna di frontiera, c'è un appellativo dolcissimo con cui l'antica tradizione cristiana, esprimendo questo tuo stare sugli estremi confini della terra, ti invoca come «porta del cielo».

Ebbene, nell'ora della morte, come hai fatto con Gesù, fermati accanto alla nostra solitudine. Sorveglia le nostre agonie. Non muoverti dal nostro fianco. Sull'ultima linea che separa l'esilio dalla patria, tendici la mano. Perché, se sul limitare decisivo della nostra salvezza ci sarai tu, passeremo la frontiera. Anche senza passaporto.

13.

Maria, donna coraggiosa

Sarà stato effetto di quel «non temere» pronunciato dall'angelo dell'annunciazione. Certo è che, da quel momento, Maria ha affrontato la vita con una incredibile forza d'animo, ed è divenuta il simbolo delle «madri-coraggio» di tutti i tempi.

È chiaro: ha avuto a che fare anche lei con la paura. Paura di non essere capita. Paura per la cattiveria degli uomini. Paura di non farcela. Paura per la salute di Giuseppe. Paura per la sorte di Gesù. Paura di rimanere sola... Quante paure!

Se ancora non ci fosse, bisognerebbe elevare un santuario alla «Madonna della paura». Nelle sue navate ci rifugeremmo un po' tutti. Perché tutti, come Maria, siamo attraversati da quell'umanissimo sentimento che è il segno più chiaro del nostro limite.

Paura del domani. Paura che possa finire all'improvviso un amore coltivato per tanti anni. Paura per il figlio che non trova lavoro e ha già superato la trentina. Paura per la sorte della più piccola di casa che si ritira sempre dopo mezzanotte, anche d'inverno, e non le si può dire niente perché risponde male. Paura per la salute che declina. Paura della vecchiaia. Paura della notte. Paura della morte...

Ebbene, nel santuario eretto alla «Madonna della paura», davanti a lei divenuta la «Madonna della fiducia», ciascuno di noi ritroverebbe la forza per andare avanti, riscoprendo i versetti di un salmo che Maria avrà mormorato chi sa quante volte: «Pur se andassi per valle oscura, non avrò a temere alcun male, perché sempre mi sei vicino... lungo tutto il migrare dei giorni».

Madonna della paura, dunque. Ma non della rassegnazione. Perché lei non si è mai lasciata cadere le braccia nel segno del cedimento, né le ha mai alzate nel gesto della resa. Una volta sola si è arresa: quando ha pronunciato il «fiat» e si è consegnata prigioniera al suo Signore.

Da allora, ha sempre reagito con incredibile determinazione, andando controcorrente e superando inaudite difficoltà che avrebbero stroncato le gambe a tutti. Dal disagio del parto nella clinica di una stalla, all'espatrio forzato per sfuggire alla persecuzione di Erode. Dai giorni amari dell'asilo politico in Egitto, alla presa d'atto della profezia di Simeone greve di cruenti presagi. Dai sacrifici di una vita grama nei trent'anni del silenzio, all'amarezza del giorno in cui si chiuse per sempre la bottega del «falegname» profumata di vernici e di ricordi. Dalle strette al cuore che le procuravano certe notizie che circolavano sul conto di suo figlio, al momento del Calvario quando, sfidando la violenza dei soldati e lo sghignazzo della plebe, si piantò coraggiosamente sotto la croce.

Una prova difficile, la sua. Contrassegnata, come per il figlio morente, dal silenzio di Dio. Una prova senza scenografie e senza sconti sui prezzi della sofferenza, che rende ragione di quell'antifona che risuona nella liturgia del venerdì santo: «O voi tutti che passate per via, fermatevi e vedete se c'è un dolore simile al mio».

Santa Maria, donna coraggiosa, alcuni anni fa in una celebre omelia pronunciata a Zapopan nel Messico, Giovanni Paolo II ha scolpito il monumento più bello che il magistero della Chiesa abbia mai elevato alla tua umana fierezza, quando disse che tu ti presenti come modello «per coloro che non accettano passivamente le avverse circostanze della vita personale e sociale, né sono vittime dell'alienazione».

Dunque, tu non ti sei rassegnata a subire l'esistenza.

Hai combattuto. Hai affrontato gli ostacoli a viso aperto. Hai reagito di fronte alle difficoltà personali e ti sei ribellata dinanzi alle ingiustizie sociali del tuo tempo. Non sei stata, cioè, quella donna tutta casa e chiesa che certe immagini devozionali vorrebbero farci passare. Sei scesa sulla strada e ne hai affrontato i pericoli, con la consapevolezza che i tuoi privilegi di madre di Dio non ti avrebbero offerto isole pedonali capaci di preservarti dal traffico violento della vita.

Perciò, Santa Maria, donna coraggiosa, tu che nelle tre ore di agonia sotto la croce hai assorbito come una spugna le afflizioni di tutte le madri della terra, prestaci un po' della tua fortezza. Nel nome di Dio, vendicatore dei poveri, alimenta i moti di ribellione di chi si vede calpestato nella sua dignità. Alleggerisci le pene di tutte le vittime dei soprusi. E conforta il pianto nascosto di tante donne che, nell'intimità della casa, vengono sistematicamente oppresse dalla prepotenza del maschio.

Ma ispira anche la protesta delle madri lacerate negli affetti dai sistemi di forza e dalle ideologie di potere. Tu, simbolo delle donne irriducibili alla logica della violenza, guida i passi delle «madri-coraggio» perché scuotano l'omertà di tanti complici silenzi. Scendi in tutte le «piazze di maggio» del mondo per confortare coloro che piangono i figli «desaparecidos». E quando suona la diana di guerra, convoca tutte le figlie di Eva perché si mettano sulla porta di casa e impediscano ai loro uomini di uscire, armati come Caino, ad ammazzare il fratello.

Santa Maria, donna coraggiosa, tu che sul Calvario, pur senza morire hai conquistato la palma del martirio, rincuoraci col tuo esempio a non lasciarci abbattere dalle avversità. Aiutaci a portare il fardello delle tribolazioni quotidiane, non con l'anima dei disperati, ma con la serenità di chi sa di essere custodito nel cavo della mano di Dio. E se ci sfiora la tentazione di farla finita perché non ce la facciamo più, mettiti accanto a noi. Siediti sui nostri sconsolati marciapiedi. Ripetici parole di speranza.

E allora, confortati dal tuo respiro, ti invocheremo con la preghiera più antica che sia stata scritta in tuo onore: «Sotto la tua protezione cerchiamo rifugio, santa Madre di Dio; non disprezzare le suppliche di noi che siamo nella prova, e liberaci da ogni pericolo, o Vergine gloriosa e benedetta».

Così sia.

14.

Maria, donna in cammino

Se i personaggi del vangelo avessero avuto una specie di contachilometri incorporato, penso che la classifica dei più infaticabili camminatori l'avrebbe vinta Maria.

Gesù a parte, naturalmente. Ma si sa, egli si era identificato a tal punto con la strada, che un giorno ai discepoli da lui invitati a mettersi alla sua sequela confidò addirittura: «Io sono la via».

La via. Non un viandante!

Siccome allora Gesù è fuori concorso, a capeggiare la graduatoria delle peregrinazioni evangeliche è indiscutibilmente lei: Maria!

La troviamo sempre in cammino, da un punto all'altro della Palestina, con uno sconfinamento financo all'estero.

Viaggio di andata e ritorno da Nazaret verso i monti di Giuda, per trovare la cugina, con quella specie di supplemento rapido menzionato da Luca il quale ci assicura che «raggiunse in fretta la città». Viaggio fino a Betlem. Di qui, a Gerusalemme per la presentazione al tempio. Espatrio clandestino in Egitto. Ritorno guardingo in Giudea col foglio di via rilasciato dall'angelo del Signore, e poi di nuovo a Nazaret. Pellegrinaggio verso Gerusalemme con lo sconto comitiva, e raddoppio del percorso con escursione per la città alla ricerca di Gesù. Tra la folla, ad incontrare lui errante per i villaggi di Galilea, forse con la mezza idea di farlo ritirare a casa. Finalmente, sui sentieri del Calvario, ai piedi della croce, dove la meraviglia espressa da Giovanni con la parola «stabat», più che la pietrificazione del dolore per una corsa fallita, esprime l'immobilità statuaria di chi attende sul podio il premio della vittoria.

Icona del «cammina cammina», la troviamo seduta solo al banchetto del primo miracolo. Seduta, ma non ferma. Non sa rimanersene quieta. Non corre col corpo, ma precorre con l'anima. E se non va lei verso l'«ora» di Gesù, fa venire quell'ora verso di lei, spostandone indietro le lancette, finché la gioia pasquale non irrompe sulla mensa degli uomini.

Sempre in cammino. E per giunta, in salita.

Da quando si mise in viaggio «verso la montagna», fino al giorno del Golgota, anzi fino al crepuscolo dell'ascensione quando salì anche lei con gli apostoli «al piano superiore» in attesa dello Spirito, i suoi passi sono sempre scanditi dall'affanno delle alture.

Avrà fatto anche le discese, e Giovanni ne ricorda una quando dice che Gesù, dopo le nozze di Cana, «discese a Cafarnao insieme con sua madre». Ma l'insistenza con cui il vangelo accompagna con il verbo «salire» i suoi viaggi a Gerusalemme, più che alludere all'ansimare del petto o al gonfiore dei piedi, sta a dire che la peregrinazione terrena di Maria simbolizza tutta la fatica di un esigente itinerario spirituale.

Santa Maria, donna della strada, come vorremmo somigliarti nelle nostre corse trafelate, ma non abbiamo traguardi. Siamo pellegrini come te, ma senza santuari verso cui andare. Siamo più veloci di te, ma il deserto ingoia i nostri passi. Camminiamo sull'asfalto, ma il bitume cancella le nostre orme.

Forzàti del «cammina cammina», ci manca nella bisaccia di viandanti la cartina stradale che dia senso alle nostre itineranze. E con tutti i raccordi anulari che abbiamo a disposizione, la nostra vita non si raccorda con nessuno svincolo costruttivo, le ruote girano a vuoto sugli anelli dell'assurdo, e ci ritroviamo inesorabilmente a contemplare gli stessi panorami.

Donaci, ti preghiamo, il gusto della vita. Facci assaporare l'ebbrezza delle cose. Offri risposte materne alle domande di significato circa il nostro interminabile andare. E se sotto i nostri pneumatici violenti, come un tempo sotto i tuoi piedi nudi, non spuntano più i fiori, fa' che rallentiamo almeno le nostre frenetiche corse per goderne il profumo e ammirarne la bellezza.

Santa Maria, donna della strada, fa' che i nostri sentieri siano, come lo furono i tuoi, strumento di comunicazione con la gente, e non nastri isolanti entro cui assicuriamo la nostra aristocratica solitudine.

Liberaci dall'ansia della metropoli e donaci l'impazienza di Dio.

L'impazienza di Dio ci fa allungare il passo per raggiungere i compagni di strada. L'ansia della metropoli, invece, ci rende specialisti del sorpasso. Ci fa guadagnare tempo, ma ci fa perdere il fratello che cammina accanto a noi. Ci mette nelle vene la frenesia della velocità, ma svuota di tenerezza i nostri giorni. Ci fa premere sull'acceleratore, ma non dona alla nostra fretta, come alla tua, sapori di carità. Comprime nelle sigle perfino i sentimenti, ma ci priva della gioia di quelle relazioni corte che, per essere veramente umane, hanno bisogno del gaudio di cento parole.

Santa Maria, donna della strada, «segno di sicura speranza e di consolazione per il peregrinante popolo di Dio», facci capire come, più che sulle mappe della geografia, dobbiamo cercare sulle tavole della storia le carovaniere dei nostri pellegrinaggi. È su questi itinerari che crescerà la nostra fede.

Prendici per mano e facci scorgere la presenza sacramentale di Dio sotto il filo dei giorni, negli accadimenti del tempo, nel volgere delle stagioni umane, nei tramonti delle onnipotenze terrene, nei crepuscoli mattinali di popoli nuovi, nelle attese di solidarietà che si colgono nell'aria.

Verso questi santuari dirigi i nostri passi. Per scorgere

sulle sabbie dell'effimero le orme dell'eterno. Restituisci sapori di ricerca interiore alla nostra inquietudine di turisti senza meta.

Se ci vedi allo sbando, sul ciglio della strada, fermati, Samaritana dolcissima, per versare sulle nostre ferite l'olio della consolazione e il vino della speranza. E poi rimettici in carreggiata. Dalle nebbie di questa «valle di lacrime», in cui si consumano le nostre afflizioni, facci volgere gli occhi verso i monti da dove verrà l'aiuto. E allora sulle nostre strade fiorirà l'esultanza del *Magnificat*.

Come avvenne in quella lontana primavera, sulle alture della Giudea, quando ci salisti tu.

15.

Maria, donna del riposo

Non è stata la «Madonna della seggiola» a suggerirmi questo titolo.

Anche se la tela di Raffaello, che ritrae la Vergine finalmente seduta e col piccolo Gesù che riposa tra le sue braccia, evoca tutta una costellazione di immagini centrate attorno all'archetipo materno, che dondola la sua creatura per farla addormentare.

Certo anche Maria, come tutte le madri, ha placato il pianto del suo bambino, stringendoselo al petto. Cullandolo con tenerezza. Intonando antiche cantilene orientali per farlo dormire. E vegliando con ansia sul suo placido sonno.

La tradizione popolare ha capito così a fondo questa attitudine materna di Maria, che, per Natale, ha costruito un interminabile repertorio di melodie legate al più primitivo genere musicale: la ninnananna. «Dormi, non piangere, bel pargoletto...».

Vien da pensare che ogni compositore, più che dal desiderio di prestare la voce alla Madonna per fare acquietare Gesù, sia stato mosso dal bisogno di prestarle la voce per sentirsi lui stesso cullato tra le sue braccia materne e trovare riposo nel suo grembo.

A suggerirmi, comunque, il titolo di «Madonna del riposo», non è tanto il figlio che le dorme tra le braccia, quanto lo sposo che le dorme accanto. Sì, perché solo accanto a una donna come Maria, un uomo aduso alle asprezze della vita come Giuseppe può riposare con tanta serenità, da sognare ininterrottamente.

Il falegname di Nazaret, lo sappiamo, è l'uomo dei sogni.

Di giorno, l'esperienza dura, scabra, interminabile della bottega, popolata di clienti e di problemi. Di notte, l'irruzione scontata, serena, inesprimibile in un pezzo di cielo, popolato di angeli e di presagi.

Una compensazione procuratagli senza dubbio da Maria, la quale non paga di alleggerirgli di giorno la stanchezza con le premure della mensa, gli favoriva di notte la dolcezza di un riposo che lo introduceva, senza fatica, in quel mondo sovrumano di cui lei era abituale inquilina.

Chi sa quante volte avrà detto a Giuseppe: «Come ti senti? Ti vedo stanco. Non affaticarti così tanto. Riposati un poco».

Giuseppe non udiva tanto da quell'orecchio, e lei allora interveniva con un supplemento di pace, la notte.

Maria, donna del riposo, dunque. Perché nessuno come lei sperimentava il «sabato» del Signore, ogni volta che cantava il salmo 22: «In pascoli di erbe fresche mi fa riposare...».

Forse Gesù avrà appreso da lei questo stile di tenerezza, che adoperò poi con gli apostoli quando, vedendoli stanchi, diceva loro: «Venite in disparte, in un luogo solitario, e riposatevi un po'». O quando invitava le folle, affrante dalla fatica di vivere, con queste parole: «Venite a me voi tutti che siete affaticati e oppressi, e io vi darò ristoro».

Santa Maria, donna del riposo, accorcia le nostre notti quando non riusciamo a dormire. Come è dura la notte senza sonno! È una pista senza luce, su cui atterrano tenebrosi convogli di ricordi, e da cui decollano stormi di incubi che stringono il cuore.

Mettiti accanto a noi quando, nonostante i sedativi, non ce la facciamo a chiudere occhio, e il letto più morbido diventa una tortura, e dalla strada i latrati del cane sembrano dar voce ai gemiti dell'universo, e dalla torre dell'orologio i rintocchi scendono sull'anima come colpi di maglio, e i secondi scanditi dal pendolo del corridoio non si sa bene se vogliano farti compagnia, o ricordarti l'inarrestabile corsa del tempo, o dilatare il supplizio delle ore che non passano mai.

Sorveglia il riposo di chi vive solo. Allunga nei vecchi i sipari del sonno, corti e leggeri come veli di melagrana. Tonifica il dormiveglia di chi sta in ospedale sotto un pianto di flebo. Rasserena l'inquietudine notturna di chi si rigira nel letto sotto un pianto di rimorsi. Acquieta l'ansia di chi non riposa perché teme il sopraggiungere del giorno. Rimbocca gli stracci di chi dorme sotto i ponti. E riscalda i cartoni con cui la notte i miserabili si riparano dal freddo dei marciapiedi.

Santa Maria, donna del riposo, vogliamo pregarti per coloro che annunciano il vangelo. Qualche volta li vediamo stanchi e sfiduciati, e sembrano dire come san Pietro: «Abbiamo faticato tutta la notte, ma non abbiamo preso nulla». Ebbene, fermali quando la generosità pastorale li porta a trascurare la loro stessa persona. Richiamali al dovere del riposo. Allontanali dalla frenesia dell'azione. Aiutali a dormire tranquilli. Non indurli nella tentazione di ridurre le quote minime di sonno, neppure per la causa del regno. Perché lo stress apostolico non è un incenso gradito al cospetto di Dio.

Pertanto, quando nel breviario recitano il salmo 126, mettiti a cantarlo con loro, e calca la voce sui versetti in cui si dice che è inutile alzarsi di buon mattino o andare tardi a riposarsi la sera, perché «ai suoi amici il Signore dà il pane del sonno». Capiranno bene, allora, che tu non li esorti al disimpegno, ma a rimettere tutto nelle mani di Colui che dà fecondità al lavoro degli uomini.

Santa Maria, donna del riposo, donaci il gusto della domenica. Facci riscoprire la gioia antica di fermarci sul sagrato della chiesa, e conversare con gli amici senza guardare l'orologio. Frena le nostre sfibranti tabelle di marcia. Tienici lontani dall'agitazione di chi è in lotta perenne col tempo. Liberaci dall'affanno delle cose. Persuadici che fermarsi sotto la tenda, per ripensare la rotta, vale molto di più che coprire logoranti percorsi senza traguardo. Ma, soprattutto, facci capire che se il segreto del riposo fisico sta nelle pause settimanali o nelle ferie annuali che ci concediamo, il segreto della pace interiore sta nel saper perdere tempo con Dio. Lui ne perde tanto con noi. E anche tu ne perdi tanto.

Perciò, anche se facciamo tardi, attendici sempre la sera, sull'uscio di casa, al termine del nostro andare dissennato.

E se non troviamo altri guanciali per poggiare il capo, offrici la tua spalla su cui placare la nostra stanchezza, e dormire finalmente tranquilli.

16.

Maria, donna del vino nuovo

Nel vangelo c'è un episodio, quello delle nozze di Cana, che gli ultimi approfondimenti biblici ci obbligano decisamente a rivedere, soprattutto per ciò che riguarda il ruolo di Maria.

Chi sa quante volte ci siamo commossi pure noi dinanzi alla sensibilità della Madre di Gesù che, con finezza tutta femminile, ha intuito il disappunto degli sposi, a corto di vino, e ha forzato la mano del figlio, troncando sul nascere l'evidente imbarazzo che ormai serpeggiava dietro le quinte.

Pare certo, però, che l'intenzione dell'evangelista non fosse tanto quella di mettere in evidenza la sollecitudine di Maria a favore degli uomini, o la potenza della sua intercessione presso il figlio. Quanto, quella di presentarla come colei che percepisce a volo il dissolversi del piccolo mondo antico e, anticipando l'«ora» di Gesù, introduce sul banchetto della storia non solo i boccali della festa, ma anche i primi fermenti della novità.

Festa e novità, quindi, irrompono nella sala su espresso richiamo di lei.

A darcene conferma c'è nella pagina di Giovanni un particolare tutt'altro che accidentale, che anzi, a ben considerarlo, esplode con la prepotenza di un invadente protagonismo. È costituito dalle sei giare di pietra, per la purificazione dei giudei.

Oscene nella loro immobilità. Ingombranti nella loro ampiezza prevaricatrice. Gelide come cadaveri, perché di pietra. Inutili, perché vuote, agli effetti di una purificazione che sono ormai incapaci di dare.

Sei, e non sette che è il numero perfetto. Simbolo malinconico, quindi, di ciò che non giungerà mai a completezza, che non toccherà più i confini della maturazione, che resterà sempre al di sotto di ogni legittima attesa e di ogni bisogno del cuore.

Ebbene, di fronte a questo scenario di paresi irreversibile rappresentato dalle giare (di pietra, come le tavole di Mosè), Maria non solo avverte che la vecchia alleanza è ormai logora e che l'antica economia di salvezza fondata sulle prescrizioni della Legge ha chiuso da tempo la sua contabilità, ma sollecita coraggiosamente la transizione.

Vede raggiunti i livelli di guardia da un mondo che boccheggia nella tristezza, e invoca da suo figlio non tanto uno strappo alla legge della natura, quanto uno strappo alla natura della legge. Questa non contiene ormai nulla, non è in grado di purificare nessuno, e non rallegra più il cuore dell'uomo.

Interviene, perciò, d'anticipo, e chiede a Gesù un acconto sul vino della nuova alleanza che, lei presente, sgorgherà inesauribile nell'ora della croce.

«Non hanno più vino». Non è il tratto di una provvidenziale gentilezza che sopraggiunge a evitare la mortificazione di due sposi. È un grido d'allarme che sopraggiunge per evitare la morte del mondo.

Santa Maria, donna del vino nuovo, quante volte sperimentiamo pure noi che il banchetto della vita languisce e la felicità si spegne sul volto dei commensali!

È il vino della festa che vien meno.

Sulla tavola non ci manca nulla: ma, senza il succo della vite, abbiamo perso il gusto del pane che sa di grano. Mastichiamo annoiati i prodotti dell'opulenza: ma con l'ingordigia degli epuloni e con la rabbia di chi non ha fame. Le pietanze della cucina nostrana hanno smarrito gli antichi sapori: ma anche i frutti esotici hanno ormai poco da dirci.

Tu lo sai bene da che cosa deriva questa inflazione di tedio. Le scorte di senso si sono esaurite.

Non abbiamo più vino. Gli odori asprigni del mosto non ci deliziano l'anima da tempo. Le vecchie cantine non fermentano più. E le botti vuote danno solo spurghi d'aceto.

Muoviti, allora, a compassione di noi, e ridonaci il gusto delle cose. Solo così, le giare della nostra esistenza si riempiranno fino all'orlo di significati ultimi. E l'ebbrezza di vivere e di far vivere ci farà finalmente provare le vertigini.

Santa Maria, donna del vino nuovo, fautrice così impaziente del cambio, che a Cana di Galilea provocasti anzitempo il più grandioso esodo della storia, obbligando Gesù alle prove generali della Pasqua definitiva, tu resti per noi il simbolo imperituro della giovinezza.

Perché è proprio dei giovani percepire l'usura dei moduli che non reggono più, e invocare rinascite che si ottengono solo con radicali rovesciamenti di fronte, e non con impercettibili restauri di laboratorio.

Liberaci, ti preghiamo, dagli appagamenti facili. Dalle piccole conversioni sottocosto. Dai rattoppi di comodo.

Preservaci dalle false sicurezze del recinto, dalla noia della ripetitività rituale, dalla fiducia incondizionata negli schemi, dall'uso idolatrico della tradizione.

Quando ci coglie il sospetto che il vino nuovo rompa gli otri vecchi, donaci l'avvedutezza di sostituire i contenitori. Quando prevale in noi il fascino dello «status quo», rendici tanto risoluti da abbandonare gli accampamenti. Se accusiamo cadute di tensione, accendi nel nostro cuore il coraggio dei passi. E facci comprendere che la chiusura alla novità dello Spirito e l'adattamento agli orizzonti dai bassi profili ci offrono solo la malinconia della senescenza precoce.

Santa Maria, donna del vino nuovo, noi ti ringraziamo, infine, perché con le parole: «Fate tutto quello che egli vi dirà» tu ci sveli il misterioso segreto della giovinezza.

E ci affidi il potere di svegliare l'aurora anche nel cuore della notte.

17.

Maria, donna del silenzio

Tra i tanti appellativi mariani, in cui non sai se ammirare di più la fantasia dei poeti o la tenerezza della pietà popolare, ne ho trovato uno di straordinaria suggestione: Maria, cattedrale del silenzio.

Certo, oggi è difficile sperimentare il silenzio nelle cattedrali delle metropoli. Però, chi vi entra condotto dalla voglia di pregare, troverà sempre l'angolo giusto. Sedendo e mirando, gli basterà sollevare lo sguardo al di sopra del pavimento, e il silenzio lo troverà nascosto lassù, nelle penombre delle arcate e tra gli incroci dei costoloni. Anzi, ancora più su. Perché, se si lascerà sedurre dall'altezza della volta, si fingerà nel pensiero anche lui, come il poeta dell'*Infinito*, «interminati spazi di là da quella, e sovrumani silenzi, e profondissima quiete...».

Maria è appunto come una cattedrale gotica che custodisce il silenzio. Gelosamente. Non lo rompe neppure quando parla. Così come il silenzio del tempio che, là in alto, gioca con le luci colorate delle bifore e con gli intarsi dei capitelli e con le curve dell'abside, non viene rotto ma esaltato dal gemito dell'organo o dalle misteriose cadenze del canto gregoriano, che salgono da giù.

Ma perché Maria è cattedrale del silenzio?

Intanto, perché è una donna di poche parole. Nel vangelo parla appena quattro volte. All'annuncio dell'angelo. Quando intona il *Magnificat*. Quando ritrova Gesù nel tempio. E a Cana di Galilea.

Poi, dopo aver raccomandato ai servi delle nozze di dare ascolto all'unica parola che conta, lei tace per sempre.

Ma il suo silenzio non è solo assenza di voci. Non è il vuoto di rumori. E neppure il risultato di una particolare ascetica della sobrietà. È, invece, l'involucro teologico di una presenza. Il guscio di una pienezza. Il grembo che custodisce la Parola.

Uno degli ultimi versetti della lettera ai Romani ci offre la cifra interpretativa del silenzio di Maria. Parla di Gesù Cristo come «rivelazione del mistero taciuto per secoli eterni».

Cristo, mistero taciuto. Nascosto, cioè, segreto.

Letteralmente: avvolto nel silenzio.

In altri termini: il Verbo di Dio nel grembo dell'eternità era fasciato dal silenzio. Entrando nel grembo della storia, non poteva avere altre bende. E Maria gliele ha offerte con la sua persona.

È divenuta così il prolungamento terreno di quell'arcano tacere del cielo. È stata costituita simbolo per chi vuol mantenere segreti d'amore. E per noi tutti, devastati dal frastuono, è rimasta scrigno silente della Parola: «Serbava tutte queste cose nel suo cuore».

Santa Maria, donna del silenzio, riportaci alle sorgenti della pace. Liberaci dall'assedio delle parole. Da quelle nostre, prima di tutto. Ma anche da quelle degli altri. Figli del rumore, noi pensiamo di mascherare l'insicurezza che ci tormenta affidandoci al vaniloquio del nostro interminabile dire: facci comprendere che, solo quando avremo taciuto noi, Dio potrà parlare. Coinquilini del chiasso, ci siamo persuasi di poter esorcizzare la paura alzando il volume dei nostri transistor: facci capire che Dio si comunica all'uomo solo sulle sabbie del deserto, e che la sua voce non ha nulla da spartire con i decibel dei nostri baccani.

Spiegaci il senso profondo di quel brano della Sapienza, che un tempo si leggeva a Natale facendoci trasalire di meraviglia: «Mentre un profondo silenzio avvolgeva tutte le cose, e la notte era a metà del suo corso, la tua Parola onnipotente dal cielo, dal tuo trono regale, scese sulla terra...». Riportaci, ti preghiamo, al trasognato stupore del primo presepe, e ridestaci nel cuore la nostalgia di quella «tacita notte».

Santa Maria, donna del silenzio, raccontaci dei tuoi appuntamenti con Dio. In quali campagne ti recavi nei meriggi di primavera, lontano dal frastuono di Nazaret, per udire la sua voce? In quali fenditure della roccia ti nascondevi adolescente, perché l'incontro con lui non venisse profanato dalla violenza degli umani rumori? Su quali terrazzi di Galilea, allagati dal plenilunio, nutrivi le tue veglie di notturne salmodie, mentre il gracidare delle rane, laggiù nella piana degli ulivi, era l'unica colonna sonora ai tuoi pensieri di castità?

Che discorsi facevi, presso la fontana del villaggio, con le tue compagne di gioventù? Che cosa trasmettevi a Giuseppe quando al crepuscolo, prendendoti per mano, usciva con te verso i declivi di Esdrelon, o ti conduceva al lago di Tiberiade nelle giornate di sole? Il mistero che nascondevi nel grembo glielo confidasti con parole o con lacrime di felicità? Oltre allo *Shemàh Israel* e alla monotonia della pioggia nelle grondaie, di quali altre voci risonava la bottega del falegname nelle sere d'inverno? Al di là dello scrigno del cuore, avevi anche un registro segreto a cui consegnavi le parole di Gesù? Che cosa vi siete detti, per trent'anni, attorno a quel desco di povera gente?

Santa Maria, donna del silenzio, ammettici alla tua scuola. Tienici lontani dalla fiera dei rumori entro cui rischiamo di stordirci, al limite della dissociazione. Preservaci dalla morbosa voluttà di notizie, che ci fa sordi alla «buona notizia». Rendici operatori di quell'ecologia acustica, che ci restituisca il gusto della contemplazione pur nel vortice della metropoli. Persuadici che solo nel silenzio maturano le cose grandi della vita: la conversione, l'amore, il sacrificio, la morte.

Un'ultima cosa vogliamo chiederti, Madre dolcissima. Tu che hai sperimentato, come Cristo sulla croce, il silenzio di Dio, non ti allontanare dal nostro fianco nell'ora della prova. Quando il sole si eclissa pure per noi, e il cielo non risponde al nostro grido, e la terra rimbomba cava sotto i passi, e la paura dell'abbandono rischia di farci disperare, rimanici accanto. In quel momento, rompi pure il silenzio: per dirci parole d'amore!

E sentiremo sulla pelle i brividi della Pasqua.

Prima ancora che si consumi la nostra agonia.

18.

Maria, donna obbediente

Si sente spesso parlare di obbedienza cieca. Mai di obbedienza sorda. Sapete perché?

Per spiegarvelo devo ricorrere all'etimologia, che, qualche volta, può dare una mano d'aiuto anche all'ascetica.

Obbedire deriva dal latino «ob-audire». Che significa: ascoltare stando di fronte.

Quando ho scoperto questa origine del vocabolo, anch'io mi sono progressivamente liberato dal falso concetto di obbedienza intesa come passivo azzeramento della mia volontà, e ho capito che essa non ha alcuna rassomiglianza, neppure alla lontana, col supino atteggiamento dei rinunciatari.

Chi obbedisce non annulla la sua libertà, ma la esalta.

Non mortifica i suoi talenti, ma li traffica nella logica della domanda e dell'offerta.

Non si avvilisce all'umiliante ruolo dell'automa, ma mette in moto i meccanismi più profondi dell'ascolto e del dialogo.

C'è una splendida frase che fino a qualche tempo fa si pensava fosse un ritrovato degli anni della contestazione: «Obbedire in piedi». Sembra una frase sospetta, da prendere, comunque, con le molle. Invece è la scoperta dell'autentica natura dell'obbedienza, la cui dinamica suppone uno che parli e l'altro che risponda. Uno che faccia la proposta con rispetto, e l'altro che vi aderisca con amore. Uno che additi un progetto senza ombra di violenza, e l'altro che con gioia ne interiorizzi l'indicazione.

In effetti, si può obbedire solo stando in piedi. In ginocchio si soggiace, non si obbedisce. Si soccombe, non si ama. Ci si rassegna, non si collabora.

Teresa, per esempio, che è costretta a dire sì a tutte le voglie del marito e non può uscire mai di casa perché lui è geloso, e la sera, quando torna ubriaco e i figli piangono, lei si prende un sacco di botte senza reagire, è una donna repressa, non è una donna obbediente. Il Signore un giorno certamente la compenserà: ma non per la sua virtù, bensì per i patimenti sofferti.

L'obbedienza, insomma, non è inghiottire un sopruso, ma è fare un'esperienza di libertà.

Non è silenzio rassegnato di fronte alle vessazioni, ma è accoglimento gaudioso di un piano superiore.

Non è il gesto dimissionario di chi rimane solo con i suoi rimpianti, ma una risposta d'amore che richiede per altro, in chi fa la domanda, signorilità più che signoria.

Chi obbedisce non smette di volere, ma si identifica a tal punto con la persona a cui vuol bene, che fa combaciare, con la sua, la propria volontà.

Ecco l'analisi logica e grammaticale dell'obbedienza di Maria.

Questa splendida creatura non si è lasciata espropriare della sua libertà neppure dal Creatore. Ma dicendo «sì», si è abbandonata a lui liberamente ed è entrata nell'orbita della storia della salvezza con tale coscienza responsabile che l'angelo Gabriele ha fatto ritorno in cielo, recando al Signore un annuncio non meno gioioso di quello che aveva portato sulla terra nel viaggio di andata.

Forse non sarebbe sbagliato intitolare il primo capitolo di Luca come l'annuncio dell'angelo al Signore, più che l'annuncio dell'angelo a Maria.

Santa Maria, donna obbediente, tu che hai avuto la grazia di «camminare al cospetto di Dio», fa' che anche noi, come te, possiamo essere capaci di «cercare il suo volto».

Aiutaci a capire che solo nella sua volontà possiamo trovare la pace. E anche quando egli ci provoca a saltare nel buio per poterlo raggiungere, liberaci dalle vertigini del vuoto e donaci la certezza che chi obbedisce al Signore non si schianta al suolo, come in un pericoloso spettacolo senza rete, ma cade sempre nelle sue braccia.

Santa Maria, donna obbediente, tu sai bene che il volto di Dio, finché cammineremo quaggiù, possiamo solo trovarlo nelle numerose mediazioni dei volti umani, e che le sue parole ci giungono solo nei riverberi poveri dei nostri vocabolari terreni. Donaci, perciò, gli occhi della fede perché la nostra obbedienza si storicizzi nel quotidiano, dialogando con gli interlocutori effimeri che egli ha scelto come segno della sua sempiterna volontà.

Ma preservaci anche dagli appagamenti facili e dalle acquiescenze comode sui gradini intermedi che ci impediscono di risalire fino a te. Non è raro, infatti, che gli istinti idolatrici, non ancora spenti nel nostro cuore, ci facciano scambiare per obbedienza evangelica ciò che è solo cortigianeria, e per raffinata virtù ciò che è solo squallido tornaconto.

Santa Maria, donna obbediente, tu che per salvare la vita di tuo figlio hai eluso gli ordini dei tiranni e, fuggendo in Egitto, sei divenuta per noi l'icona della resistenza passiva e della disobbedienza civile, donaci la fierezza dell'obiezione, ogni volta che la coscienza ci suggerisce che «si deve obbedire a Dio piuttosto che agli uomini».

E perché in questo discernimento difficile non ci manchi la tua ispirazione, permettici che, almeno allora, possiamo invocarti così: «Santa Maria, donna disobbediente, prega per noi».

19.

Maria, donna di servizio

Può sembrare irriverente. E qualcuno avvertirà perfino odore di sacrilegio. Non saprei bene se per l'impressione di vedere un appellativo così povero attribuito alla Regina degli angeli e dei santi, o per la scarsa considerazione verso la categoria di coloro che si guadagnano il pane faticando in casa d'altri.

A dire il vero, anche il costume moderno ha ravvisato qualcosa di avvilente nel linguaggio antico: sicché, invece che parlare di serva o persona di servizio, il vocabolario, passando attraverso la trafila lessicale di domestica o cameriera, si trastulla con termini più alla moda, e parla di lavorante alla pari o, addirittura, di «colf», che poi non è altro che una sigla furbesca ricavata dalle iniziali di collaboratrice familiare.

Eppure, quell'appellativo, Maria se l'è scelto da sola.

Per ben due volte, infatti, nel vangelo di Luca, lei si autodefinisce serva. La prima volta, quando, rispondendo all'angelo, gli offre il suo biglietto da visita: «Eccomi, sono la serva del Signore». La seconda, quando nel *Magnificat* afferma che Dio «ha guardato l'umiltà della sua serva».

Donna di servizio, dunque.

A pieno titolo.

Un titolo che lei si porta incorporato per diritto di nascita e al quale sembra gelosamente tenerci come a un antico blasone nobiliare. Era o non era, se non proprio discendente come Giuseppe, almeno coinvolta con la «casa di Davide suo servo»?

Un titolo che, per una specie di simmetria speculare, le fa riconoscere a colpo sicuro una pari qualifica professionale nel vecchio Simeone, e la induce a consegnare il bambino Gesù nelle braccia di quel «servo», che ora può, finalmente, andarsene in pace.

Un titolo che, durante il banchetto di Cana, visto che tra colleghi ci si intende meglio, la autorizza a rivolgersi «ai servi» con quelle parole che, essendo rimaste un'esigente consegna anche per noi, sembrano un invito ad andarci a iscrivere tutti allo stesso sindacato: «Fate quello che vi dirà».

Un titolo, insomma, che legittimerebbe la richiesta delle competenti organizzazioni per avere la Vergine Santa come protettrice di coloro che, pur con diversità di prestazioni, dalla governante alla «baby-sitter», dalla «nurse» alla fantesca, con livrea o senza livrea, esprimono dei servizi alle dipendenze di una famiglia.

Eppure, quell'appellativo, così autoreferenziato, non trova posto nelle litanie lauretane! Forse perché, anche nella Chiesa, nonostante il gran parlare che se ne fa, l'idea del servizio evoca spettri di soggezione, allude a declassamenti di dignità, e sottintende cali di rango, che sembrano incompatibili col prestigio della Madre di Dio. La qual cosa fa sospettare che perfino la diaconia della Vergine sia rimasta un concetto ornamentale che intride i nostri sospiri, e non un principio operativo che innerva la nostra esistenza.

Santa Maria, serva del Signore, che ti sei consegnata anima e corpo a lui e hai fatto l'ingresso nel suo casato come collaboratrice familiare della sua opera di salvezza, donna veramente alla pari, che la grazia ha introdotto nell'intimità trinitaria e ha reso scrigno delle confidenze divine, domestica del regno, che hai interpretato il servizio non come riduzione di libertà, ma come appartenenza irreversibile alla stirpe di Dio, noi ti chiediamo di ammetterci alla scuola di quel diaconato permanente di cui ci sei stata impareggiabile maestra.

Al contrario di te, facciamo fatica a metterci alle dipendenze di Dio, e stentiamo a capire che solo la resa incondizionata alla sua sovranità ci può fornire l'alfabeto primordiale per la lettura di ogni altro umano servizio. L'affido nelle mani del Signore ci sembra un gioco d'azzardo. La sottomissione a lui, invece che collocarla in un quadro di alleanza bilaterale, la sentiamo come una variabile della schiavitù. Siamo gelosi, insomma, della nostra autonomia. E l'affermazione solenne che «servire Dio significa regnare» non ci persuade più di tanto.

Santa Maria, serva della Parola, serva a tal punto che, oltre ad ascoltarla e custodirla, l'hai accolta incarnata nel Cristo, aiutaci a mettere Gesù al centro della nostra vita. Fa' che ne sperimentiamo le suggestioni segrete. Dacci una mano perché sappiamo essergli fedeli fino in fondo. Donaci la beatitudine di quei servi, che egli, tornando nel cuore della notte, troverà ancora svegli, e che, dopo essersi cinte le vesti, lui stesso farà mettere a tavola e passerà a servire.

Fa' che il vangelo diventi la norma ispiratrice di ogni nostra scelta quotidiana. Preservaci dalla tentazione di praticare sconti sulle sue esigenti richieste. Rendici capaci di obbedienze gaudiose. E metti, finalmente, le ali ai nostri piedi perché alla Parola possiamo rendere il servizio missionario dell'annuncio, fino agli estremi confini della terra.

Santa Maria, serva del mondo, che subito dopo esserti dichiarata ancella di Dio sei corsa a farti ancella di Elisabetta, conferisci ai nostri passi la fretta premurosa con cui tu raggiungesti la città di Giuda, simbolo di quel mondo di fronte al quale la Chiesa è chiamata a cingersi il grembiule. Restituisci cadenze di gratuità al nostro servizio così spesso contaminato dalle scorie dell'asservimento. E fa' che le ombre del potere non si allunghino mai sui nostri offertori.

Tu che hai sperimentato le tribolazioni dei poveri, aiutaci a mettere a loro disposizione la nostra vita, con i gesti discreti del silenzio e non con gli spot pubblicitari del protagonismo. Rendici consapevoli che, sotto le mentite spoglie degli affaticati e degli oppressi, si nasconde il Re. Apri il nostro cuore alle sofferenze dei fratelli. E perché possiamo essere pronti a intuirne le necessità, donaci occhi gonfi di tenerezza e di speranza.

Gli occhi che avesti tu, quel giorno. A Cana di Galilea.

20.

Maria, donna vera

Vi confesso che rimango sconcertato anch'io.

Quando penso alla Madonna (questo sogno incredibile sognato dal Signore), e poi vedo alla televisione le lacrime delle madri palestinesi, o scorgo sulle riviste missionarie i volti denutriti delle donne dell'Amazzonia, o apprendo da certi impietosi «reportages» le condizioni subumane delle ragazze del Bangladesh, io mi chiedo se abbia qualcosa da spartire con queste infelici creature la storia di Maria.

E quando sulla pubblica strada incrocio «una di quelle», che la miseria, più che lo smarrimento, ha spinto a vendersi per sopravvivere, mi domando se Maria tirerebbe diritto anche lei, come faccio io nella mia intemerata prudenza. Mi risulta, comunque, molto difficile immaginare quali parole, fermandosi, uscirebbero dalla sua bocca.

Così pure ogni volta che ascolto la pena di tante donne violentate dai loro uomini, tenute sotto sequestro dai loro padri, o confiscate nei diritti più elementari dalle prevaricazioni del maschio, faccio una gran fatica a supporre quale rapporto ci possa essere tra Maria e queste creature, la cui mansuetudine sembra spesso dolcezza ma è rassegnazione, si esprime come condiscendenza ma è avvilimento, mostra i lampi del sorriso ma nasconde la malinconia delle lacrime.

Anche, però, quando penso a certe donne apparentemente emancipate, mi ritorna con insistenza il problema del loro confronto con Maria.

Chi sa che la «soubrette» del varietà di provincia o la

soprano della Scala di Milano non invochino il suo nome prima di esibirsi sul palcoscenico? O la fotomodella del rotocalco per adulti e la campionessa di pattini a rotelle non ne avvertano il fascino sovrumano? O che la violinista della filarmonica di Filadelfia e «l'entraineuse» di un locale notturno d'alta classe non ne percepiscano la dimensione spirituale? Che cosa pensano di lei le «hostess» dei «boeing» intercontinentali, o le componenti del corpo di ballo del Bolscioi? A parte la catenina d'argento con la medaglietta di lei appesa al collo, quali reazioni suscita il nome di Maria nelle atlete della nazionale di pallacanestro in giro per il mondo, o nelle presentatrici della televisione, o nelle eleganti protagoniste dei salotti letterari?

Maria, insomma, è buona solo come punto di riferimento per le monache di clausura e per le ragazze tutte casa e chiesa, o è l'aspirazione struggente di ogni donna che voglia vivere in pienezza la sua femminilità?

Le donne della terra la guardano con tenerezza perché nella sua vita terrena ha riassunto i misteri dolorosi di tutte le loro soggezioni? O perché è il simbolo eloquente di chi sperimenta i misteri gaudiosi dell'esodo dai «laghi amari» dell'antica condizione servile? O perché è l'immagine che sintetizza i misteri gloriosi della definitiva liberazione della donna da tutte le schiavitù che, nel corso della storia, ne hanno sfigurato la dignità?

Sono domande, forse un po' dissennate, alle quali non so dare una risposta, ma per le quali so fare una preghiera.

Santa Maria, donna vera, icona del mondo femminile umiliato in terra d'Egitto, sottomesso alle sevizie dei faraoni di ogni tempo, condannato al ruolo di abbrustolirsi la faccia dinanzi alle pentole di cipolle, e a cuocere i mattoni per la città dei prepotenti, noi ti imploriamo per tutte le donne della terra.

Da quando sul Calvario ti trafissero l'anima, non c'è pianto di madre che ti sia estraneo, non c'è solitudine di vedova che tu non abbia sperimentato, non c'è avvilimento di donna di cui non senta l'umiliazione.

Se i soldati spogliarono Gesù delle sue vesti, il dolore spogliò te dei tuoi prestigiosi aggettivi. E apparisti semplicemente donna, al punto che il tuo unigenito morente non seppe chiamarti con altro nome: «Donna, ecco tuo figlio».

Tu che rimanesti in piedi sotto la croce, statua vivente della libertà, fa' che tutte le donne, ispirandosi alla tua fierezza femminile, sotto il diluvio delle sofferenze di ogni specie, al massimo pieghino il capo ma non curvino mai la schiena.

Santa Maria, donna vera, icona del mondo femminile che ha intrapreso finalmente le strade dell'esodo, fa' che le donne, in questa faticosa transumanza quasi da un'era antropologica all'altra, non si disperdano come gli ebrei «nel mare dei giunchi». Ma sappiano individuare i sentieri giusti che le portino lontano dalle egemonie dei nuovi filistei. E perché la tua immagine di donna veramente riuscita possa risplendere per tutte, come la nube luminosa nel deserto, aiuta anche la tua Chiesa a liberarti da quelle caparbie desinenze al maschile con cui ha declinato, talvolta, perfino la tua figura.

Santa Maria, donna vera, icona del mondo femminile approdato finalmente nella Terra Promessa, aiutaci a leggere la storia e a interpretare la vita, dopo tanto maschilismo imperante, con le categorie tenere e forti della femminilità.

In questo mondo così piatto, contrassegnato dall'intemperanza del raziocinio sull'intuizione, del calcolo sulla creatività, del potere sulla tenerezza, del vigore dei muscoli sulla morbida persuasione dello sguardo, tu sei l'immagine non solo della donna nuova, ma della nuova umanità preservata dai miraggi delle false liberazioni.

Aiutaci, almeno, a ringraziare Dio che, se per umanizzare la terra si serve dell'uomo senza molto riuscirci, per umanizzare l'uomo vuol servirsi della donna: nella certezza che stavolta non fallirà.

21.

Maria, donna del popolo

Sì, il Signore se l'è scelta proprio di là.

Oggi diremmo: dai rioni popolari, grevi di sudori e impregnati di stabbio. Dai quartieri bassi, dove i tuguri dei poveri, se rimangono ancora in piedi, è perché si appoggiano a vicenda.

Penso a certe periferie, dove le zanzare brulicano sulle pozzanghere della strada, e le mosche volteggiano sugli escrementi. O a certe zone del centro storico, imbandierate con i panni del bucato, dove vige il condominio degli stessi rumori e degli stessi silenzi.

Il Signore, Maria l'ha scoperta lì. Nell'intreccio dei vicoli, profumati di minestre meridiane e allietati dal grido dei fruttivendoli. Tra le fanciulle che, dai pianerottoli colmi di gerani, parlavano d'amore. Nel cortile dove i vicini prolungavano nell'ultimo sbadiglio i racconti della sera, prima che si consumasse l'olio della lampada e risonasse il tintinnare dei chiavistelli e si sprangassero gli usci.

L'ha scoperta lì. Non lungo i corsi della capitale, ma in un villaggio di pecorai, sconosciuto nell'Antico Testamento, anzi, additato al pubblico sarcasmo dagli abitanti delle borgate vicine: «Da Nazaret può mai venir qualcosa di buono?».

L'ha scoperta lì, in mezzo alla gente comune, e se l'è fatta sua.

Maria non aveva particolari ascendenze dinastiche. L'araldica della sua famiglia non vantava stemmi nobiliari come Giuseppe. Lui, sì: benché si fosse ridotto a fare il carpentiere, era del casato illustre di Davide. Lei, invece, era una donna del popolo. Ne aveva assorbito la cultura e il linguaggio, i ritornelli delle canzoni e la segretezza del pianto, il costume del silenzio e le stigmate della povertà.

Prima di diventarne madre, Maria era, dunque, figlia del popolo. Apparteneva, anzi, all'anima più intima del popolo: agli «anawim», alla schiera dei poveri. Al resto d'Israele, sopravvissuto allo sgretolamento delle tragedie nazionali. A quel nucleo residuale, cioè, che teneva vive le speranze dei profeti, nel quale si concentravano le promesse dei patriarchi, e da cui passava il filo rosso della fedeltà: «Farò restare in mezzo a te un popolo umile e povero; confiderà nel nome del Signore il resto d'Israele». Così aveva profetato Sofonia.

Donna del popolo, Maria si mescola con i pellegrini che salgono al tempio e si accompagna alle loro salmodie. E se in uno di questi viaggi perde Gesù dodicenne, è perché, «credendolo nella carovana», non sa immaginarsi suo figlio estraneo all'ansimare della gente comune.

C'è nel vangelo di Marco una icona di incomparabile bellezza che delinea la natura, la vocazione e il destino popolare di Maria. Un giorno, mentre Gesù sta parlando alla folla che lo ascolta seduta in cerchio, arriva lei con alcuni parenti. A chi lo avverte della sua presenza, Gesù, girando tutto intorno lo sguardo e additando la folla, esclama: «Ecco mia madre...». A prima vista, potrebbe sembrare una scortesia. Invece, la risposta di Gesù, che identifica sua madre con la folla, è il monumento più splendido eretto a Maria, donna fatta popolo.

Santa Maria, donna del popolo, grazie, perché hai convissuto con la gente, prima e dopo l'annuncio dell'angelo, e non hai preteso da Gabriele una scorta permanente di cherubini, che facesse la guardia d'onore sull'uscio di casa tua. Grazie, perché, pur consapevole di essere la madre di Dio, non ti sei ritirata negli appartamenti della tua aristocrazia spirituale, ma hai voluto assaporare sino in fondo le esperienze, povere e struggenti, di tutte le donne di Nazaret.

Grazie, perché d'estate ti univi al coro delle spigolatrici, nelle campagne bruciate dal sole. E nei meriggi d'inverno, quando il tuono brontolava sui monti di Galilea e tu avevi paura, ti rifugiavi nella casa delle vicine. E il sabato, per lodare il Signore, partecipavi con le tue amiche alle funzioni comunitarie della sinagoga. E quando la morte visitava il villaggio, accompagnandoti ai parenti, intridevi tossendo il fazzoletto di lacrime. E nei giorni di festa, quando passava il corteo nuziale, attendevi anche tu sulla strada, e ti sollevavi sulla punta dei piedi per veder meglio la sposa.

Santa Maria, donna del popolo, oggi più che mai abbiamo bisogno di te. Viviamo tempi difficili, in cui allo spirito comunitario si sovrappone la sindrome della setta. Agli ideali di più vaste solidarietà si sostituisce l'istinto della fazione. Alle spinte universalizzanti della storia, fanno malinconico riscontro i sottomultipli del ghetto e della razza. Il partito prevarica sul bene pubblico; la lega sulla nazione; la chiesuola sulla Chiesa.

Dacci, ti preghiamo, una mano d'aiuto perché possiamo rafforzare la nostra declinante coscienza di popolo. Noi credenti, che per definizione ci chiamiamo popolo di Dio, sentiamo di dover offrire una forte testimonianza di comunione, sulla quale il mondo possa cadenzare i suoi passi. Tu, «honorificentia populi nostri», rimanici accanto in questa difficile impresa. Non per nulla ti ripetiamo nel canto: «Mira il tuo popolo, o bella Signora».

Santa Maria, donna del popolo, insegnaci a condividere con la gente le gioie e le speranze, le tristezze e le angosce che contrassegnano il cammino della nostra civiltà. Donaci il gusto di stare in mezzo, come te nel Cenacolo. Liberaci dall'autosufficienza. E snidaci dalle tane dell'isolamento.

Tu che sei invocata nelle «favelas» dell'America Latina e tra i grattacieli di New York, rendi giustizia ai popoli distrutti dalla miseria, e dona la pace interiore ai popoli annoiati dall'opulenza. Ispira fierezza nei primi e tenerezza nei secondi. Restituiscili alla gioia di vivere. E intoneranno gli uni e gli altri, finalmente insieme, salmi di libertà.

22.

Maria, donna che conosce la danza

Ho cambiato il titolo all'ultimo momento. Ma vi parlerò lo stesso di quel che avevo progettato: del rapporto, cioè, di Maria con la morte.

Che cosa c'entri la morte con la danza, ve lo voglio spiegare subito.

Mi sono messo a leggere in questi giorni un libro sulla Madonna, scritto da una nota docente di antropologia, e sono riuscito ad andare avanti, quasi fino al termine, senza turbarmi granché, quando, proprio nelle ultimissime pagine, ho colto una frase che mi è sembrata pesante come un'ingiuria: «Maria non potrà mai danzare».

O Dio: nel libro c'è di peggio, perché vengono scardinate le verità più salde che i credenti hanno sempre professato sul conto della Madonna.

Però, mentre non mi ha scandalizzato più di tanto il sorriso di sufficienza sul suo immacolato concepimento o sulla sua verginale maternità, mi ha dato invece un fastidio incredibile l'insinuazione che lei non sapesse danzare.

Mi è parso, insomma, un enorme sacrilegio. Un oltraggio alla sua umanità. Un delitto contro ciò che ce la rende più cara: l'irresistibile dolcezza comune alle figlie di Eva.

Che cosa si nasconde, infatti, sotto questa frase, se non l'affermazione che Maria non ha avuto un corpo come le altre donne, e che la sua era una femminilità per modo di dire, o, comunque, così disincarnata ed evanescente, da renderle impossibile il prolungarsi gestuale nel vortice della danza?

E non vi sembra una bestemmia il solo sospetto che Maria fosse una creatura svigorita di passioni, povera di slanci, priva di calore umano, macerata solo da digiuni e astinenze, genuflessa sugli specchi frigidi delle contemplazioni, incapace di quegli struggimenti interiori che esplodono appunto nella grazia del canto e nella dilatazione corporea del ritmo?

Che Maria fosse esperta di danza, sta a dircelo una parola-spia, presente nel suo vocabolario: «esultare». Viene dal latino «ex-saltare», che significa appunto: saltellare qua e là. Sicché, quando lei esclama: «Il mio spirito esulta in Dio, mio salvatore», non solo tradisce la sua straordinaria competenza musicale, ma ci fa sospettare che il *Magnificat* deve averlo cantato danzando.

Qualcuno forse si chiederà perché mai mi sia tanto ostinato a sottolineare questa particolare attitudine «artistica» di Maria. La risposta è semplice: non può sostenere la morte chi non sa sostenere la danza!

Dire, perciò, che Maria non potrà mai danzare, significa ritenerla estranea a ciò che morte e danza hanno in comune: l'affanno del respiro, lo spasimo dell'agonia, la contrazione dolorosa del corpo.

Significa svuotare di valore salvifico la sofferenza della Madonna, e ridurre il mistero dell'Addolorata, nonostante le sette spade confitte nel cuore, a uno spettacolo appariscente, allestito da Dio per funzionali ragioni scenografiche.

Significa considerarla «partner» impassibile di un Altro, esperto pure lui di danza, che però Isaia chiama «Uomo dei dolori che ben conosce il patire».

Significa, insomma, radiare Maria dallo scenario del venerdì santo, sul quale recita da protagonista, accanto a Gesù, il dramma dell'umana redenzione giunto ormai alle ultime battute.

Santa Maria, donna che ben conosci la danza, ma anche donna che ben conosci il patire, intenta, già sotto la croce, a come trasporre nei ritmi della festa i rantoli di tuo figlio, aiutaci a comprendere che il dolore non è l'ultima spiaggia dell'uomo. È solo il vestibolo obbligato da cui si passa per deporre i bagagli: non si danza col guardaroba in mano!

Noi non osiamo chiederti né il dono dell'anestesia, né l'esenzione dalle tasse dell'amarezza. Ti preghiamo solo che, nel momento della prova, ci preservi dal pianto dei disperati.

Santa Maria, donna che ben conosci la danza, se ti imploriamo di starci vicino nell'ora della nostra morte corporale, è perché sappiamo che tu, la morte, l'hai sperimentata davvero.

Non tanto quella tua: quella l'hai «vissuta» per poco, poiché essa ha fermato le tue membra per pochi attimi appena, prima dell'ultimo leggerissimo slancio verso il cielo. Ma la morte assurda, violenta, di tuo figlio.

Ti supplichiamo: rinnova per noi, nell'attimo supremo, la tenerezza che usasti per Gesù, quando «da mezzogiorno fino alle tre del pomeriggio si fece gran buio su tutta la terra». In quelle ore tenebrose, disturbate solo dai rantoli del condannato, forse danzasti attorno alla croce i tuoi lamenti di madre, implorando il ritorno del sole.

Ebbene, donna dell'eclisse totale, ripeti la danza attorno alle croci dei tuoi figli. Se ci sei tu, la luce non tarderà a spuntare. E anche il patibolo più tragico fiorirà come un albero in primavera.

Santa Maria, donna che ben conosci la danza, facci capire che la festa è l'ultima vocazione dell'uomo.

Accresci, pertanto, le nostre riserve di coraggio.

Raddoppia le nostre provviste di amore.

Alimentaci le lampade della speranza.

E fa' che, nelle frequenti carestie di felicità che contrassegnano i nostri giorni, non smettiamo di attendere con fede colui che verrà finalmente a «mutare il lamento in danza e la veste di sacco in abito di gioia».

23.

Maria, donna del sabato santo

Nelle feste c'è Lui.

Nelle vigilie, al centro, c'è Lei.

Discreta come brezza d'aprile che ti porta sul limitare di casa profumi di verbene, fiorite al di là della siepe.

Ci sono, a volte, degli attimi così densi di mistero, che si ha l'impressione di averli già sperimentati in altre stagioni della vita. E ci sono degli attimi così gonfi di presentimenti, che vengono vissuti come anticipazioni di beatitudini future.

Nel giorno del sabato santo, di questi attimi, ce n'è più di qualcuno. È come se cadessero all'improvviso gli argini che comprimono il presente. L'anima, allora, si dilata negli spazi retrostanti delle memorie. Oppure, allungandosi in avanti, giunge a lambire le sponde dell'eterno rubandone i segreti, in rapidi acconti di felicità.

Come si spiega, infatti, se non con questo rimpatrio nel passato, il groppo di allusioni che, superata appena la «Parasceve», si dipana al primo augurio di buona Pasqua, e si stempera in mille rigagnoli di ricordi, fluenti tra anse di gesti rituali?

La casa, vergine di lavacri, che profuma d'altri tempi. L'amico giunto dopo tanti anni, nei cui capelli già grigi ti attardi a scorgere reliquie d'infanzie comuni. Il dono opulento, là in cucina, tra le cui carte stagnole cerchi invano sapori di antiche sobrietà... quando era viva lei, e la madia nascondeva solo stupori di uova colorate. Il grembo vuoto della chiesa, il cui silenzio trabocca di richiami, e dove nel vespro ti decidi finalmente a entrare, come una volta, per riconciliarti con Dio e sentirti restituire a innocenze perdute.

E come si spiega, se non col crollo delle dighe erette dai calendari terreni, quel sentimento pervasivo di pace che, nel sabato santo, almeno di sfuggita, irrompe dal futuro e ti interpella con strani interrogativi a cui senti già di poter dare risposte di gioia?

C'è un tempo in cui la gente starà sempre a scambiarsi strette di mano e sorrisi, così come fa oggi? Verranno giorni sottratti all'usura delle lacrime? Esistono spazi di gratuità, dove non smetteremo più gli abiti di festa? Ci sono davvero delle stagioni in cui la vita sarà sempre così?

Fascino struggente del sabato santo, che ti mette nell'anima brividi di solidarietà perfino con le cose e ti fa chiedere se non abbiano anch'esse un futuro di speranza!

Che cosa faranno gli alberi stanotte, quando suoneranno a stormo le campane? Le piante del giardino spanderanno insieme, come turiboli d'argento, la gloria delle loro resine? E gli animali del bosco ululeranno i loro concerti mentre in chiesa si canta l'*Exultet*? Come reagirà il mare, che brontola sotto la scogliera, all'annuncio della risurrezione? L'angelo in bianche vesti farà fremere le porte anche dei postriboli? Oltre ai cancelli del cimitero, sussulteranno sotto il plenilunio le tombe dei miei morti? E le montagne, non viste da nessuno, danzeranno di gioia attorno alle convalli?

Una risposta capace di spiegare il tumulto di queste domande io ce l'avrei. Se nel sabato santo il presente sembra oscillare su passato e futuro, è perché protagonista assoluta, sia pur silenziosa, di questa giornata è Maria.

Dopo la sepoltura di Gesù, a custodire la fede sulla terra non è rimasta che lei. Il vento del Golgota ha spento tutte le lampade, ma ha lasciato accesa la sua lucerna. Solo la sua. Per tutta la durata del sabato, quindi, Maria resta l'unico punto-luce in cui si concentrano gli incendi del passato e i roghi del futuro. Quel giorno ella va errando per le strade della terra, con la lucerna tra le mani. Quando la solleva su un versante, fa emergere dalla notte dei tempi memorie di santità; quando la solleva sull'altro, anticipa dai domicili dell'eterno riverberi di imminenti trasfigurazioni.

Santa Maria, donna del sabato santo, estuario dolcissimo nel quale almeno per un giorno si è raccolta la fede di tutta la Chiesa, tu sei l'ultimo punto di contatto col cielo che ha preservato la terra dal tragico «black-out» della grazia. Guidaci per mano alle soglie della luce, di cui la Pasqua è la sorgente suprema.

Stabilizza nel nostro spirito la dolcezza fugace delle memorie, perché nei frammenti del passato possiamo ritrovare la parte migliore di noi stessi. E ridestaci nel cuore, attraverso i segnali del futuro, una intensa nostalgia di rinnovamento, che si traduca in fiducioso impegno a camminare nella storia.

Santa Maria, donna del sabato santo, aiutaci a capire che, in fondo, tutta la vita, sospesa com'è tra le brume del venerdì e le attese della domenica di risurrezione, si rassomiglia tanto a quel giorno. È il giorno della speranza, in cui si fa il bucato dei lini intrisi di lacrime e di sangue, e li si asciuga al sole di primavera perché diventino tovaglie d'altare.

Ripetici, insomma, che non c'è croce che non abbia le sue deposizioni. Non c'è amarezza umana che non si stemperi in sorriso. Non c'è peccato che non trovi redenzione. Non c'è sepolcro la cui pietra non sia provvisoria sulla sua imboccatura. Anche le gramaglie più nere trascolorano negli abiti della gioia. Le rapsodie più tragiche accennano ai primi passi di danza. E gli ultimi accordi delle cantilene funebri contengono già i motivi festosi dell'alleluia pasquale.

Santa Maria, donna del sabato santo, raccontaci come, sul crepuscolo di quel giorno, ti sei preparata all'incontro col tuo figlio risorto. Quale tunica hai indossato sulle spalle? Quali sandali hai messo ai piedi per correre più veloce sull'erba? Come ti sei annodata sul capo i lunghi capelli di nazarena? Quali parole d'amore ti andavi ripassando segretamente, per dirgliele tutto d'un fiato non appena ti fosse apparso dinanzi?

Madre dolcissima, prepara anche noi all'appuntamento con Lui. Destaci l'impazienza del suo domenicale ritorno. Adornaci di vesti nuziali. Per ingannare il tempo, mettiti accanto a noi e facciamo le prove dei canti.

Perché qui le ore non passano mai.

24.

Maria, donna del terzo giorno

Vorrei che fosse Maria in persona a entrare in casa vostra, a spalancarvi la finestra, e a darvi l'augurio di buona Pasqua.

Un augurio immenso quanto le braccia del condannato, stese sulla croce o librate verso i cieli della libertà.

Molti si chiedono sorpresi perché mai il vangelo, mentre ci parla di Gesù apparso nel giorno di Pasqua a tantissime persone, come la Maddalena, le pie donne e i discepoli, non ci riporti, invece, alcuna apparizione alla Madre da parte del Figlio risorto.

Io una risposta ce l'avrei: perché non c'era bisogno!

Non c'era bisogno, cioè, che Gesù apparisse a Maria, perché lei, l'unica, fu presente alla risurrezione.

I teologi, per la verità, ci dicono che questo evento fu sottratto agli occhi di tutti, si svolse nelle insondabili profondità del mistero, e, nel suo attuarsi storico, non ebbe alcun testimone. Io penso, però, che un'eccezione ci fu: Maria, l'unica, dovette essere presente a questa peripezia suprema della storia.

Come fu presente, l'unica, al momento dell'incarnazione del Verbo.

Come fu presente, l'unica, all'uscita di lui dal suo grembo verginale di carne. E divenne la donna del primo sguardo su Dio fatto uomo.

Così dovette essere presente, l'unica, all'uscita di lui dal grembo verginale di pietra: il sepolcro «*nel quale nessuno era stato ancora deposto*». E divenne la donna del primo sguardo dell'uomo fatto Dio.

Gli altri furono testimoni del Risorto. Lei, della Risurrezione.

Del resto, se il legame di Maria con Gesù fu così stretto che ne ha condiviso tutta l'esperienza redentrice, è impensabile che la risurrezione, momento vertice della salvezza, l'abbia vista dissociata dal Figlio.

Sarebbe l'unica assenza: e resterebbe, per di più, un'assenza stranamente ingiustificata.

A darci conferma, comunque, di quanto la vicenda della Madre sia incastrata con la Pasqua del Figlio, ci sono nel vangelo almeno due pagine, in cui la frase «*terzo giorno*», sigla cronologica che designa la risurrezione, è riferita alla presenza, se non proprio al protagonismo, di Maria.

La prima pagina è di san Luca. Racconta la scomparsa di Gesù dodicenne nel tempio e il suo ritrovamento al «*terzo giorno*». Gli studiosi sono ormai concordi nell'interpretare quest'episodio come una profezia velata di quanto sarebbe accaduto in seguito ai discepoli, nel tempo in cui Gesù compì il suo passaggio da questo mondo al Padre, sempre a Gerusalemme, in una Pasqua di tanti anni dopo. Si tratterebbe, cioè, di una parabola allusiva alla scomparsa di Gesù dietro la pietra del sepolcro, e al suo glorioso riapparire dopo tre giorni.

La seconda pagina è di san Giovanni. Riguarda le nozze di Cana, durante le quali l'intervento di Maria, anticipando l'«*ora*» di Gesù, introduce sul banchetto degli uomini il vino della nuova alleanza pasquale, e fa esplodere anzitempo la «gloria» della risurrezione. Ebbene, anche questo episodio è introdotto da un marchio di origine controllata: «*Il terzo giorno*».

Maria, dunque, è colei che ha a che fare col «*terzo giorno*», a tal punto che non solo è la figlia primogenita della Pasqua, ma in un certo senso ne è anche la madre.

Santa Maria, donna del terzo giorno, destaci dal sonno della roccia. E l'annuncio che è Pasqua pure per noi, vieni a portarcelo tu, nel cuore della notte.

Non aspettare i chiarori dell'alba. Non attendere che le donne vengano con gli unguenti. Vieni prima tu, coi riflessi del Risorto negli occhi e con i profumi della tua testimonianza diretta.

Quando le altre Marie arriveranno nel giardino, con i piedi umidi di rugiada, ci trovino già desti e sappiano di essere state precedute da te, l'unica spettatrice del duello tra la Vita e la Morte. La nostra non è mancanza di fiducia nelle loro parole. Ma ci sentiamo così addosso i tentacoli della morte, che la loro testimonianza non ci basta. Esse hanno visto, sì, il trionfo del vincitore. Ma non hanno sperimentato la sconfitta dell'avversario. Solo tu ci puoi assicurare che la morte è stata uccisa davvero, perché l'hai vista esanime a terra.

Santa Maria, donna del terzo giorno, donaci la certezza che, nonostante tutto, la morte non avrà più presa su di noi. Che le ingiustizie dei popoli hanno i giorni contati. Che i bagliori delle guerre si stanno riducendo a luci crepuscolari. Che le sofferenze dei poveri sono giunte agli ultimi rantoli. Che la fame, il razzismo, la droga sono il riporto di vecchie contabilità fallimentari. Che la noia, la solitudine, la malattia sono gli arretrati dovuti ad antiche gestioni. E che, finalmente, le lacrime di tutte le vittime delle violenze e del dolore saranno presto prosciugate come la brina dal sole della primavera.

Santa Maria, donna del terzo giorno, strappaci dal volto il sudario della disperazione e arrotola per sempre, in un angolo, le bende del nostro peccato.

A dispetto della mancanza di lavoro, di case, di pane, confortaci col vino nuovo della gioia e con gli azzimi pasquali della solidarietà.

Donaci un po' di pace. Impediscici di intingere il boccone traditore nel piatto delle erbe amare. Liberaci dal bacio della vigliaccheria. Preservaci dall'egoismo.

E regalaci la speranza che, quando verrà il momento della sfida decisiva, anche per noi come per Gesù, tu possa essere l'arbitra che, il terzo giorno, omologherà finalmente la nostra vittoria.

25.

Maria, donna conviviale

No. Non vi propongo un'ulteriore considerazione sul «segno» delle nozze di Cana e sulla presenza di Maria a quel convito di festa.

Desidero presentarvi, invece, la singolare definizione che uno scrittore medievale, Ildefonso di Toledo, ci dà della Vergine Santa: «*Totius Trinitatis nobile triclinium*». Che vuol dire: nobile tavola da pranzo per tutte e tre le persone divine.

Mediante questa immagine splendida e ardita, la Madonna è messa in relazione con la Trinità e viene descritta come la tavola elegante attorno a cui il Padre, il Figlio e lo Spirito esprimono la loro convivialità.

Per associazione di immagini, la fantasia corre alla celebre *Icona di Rublev*. Al centro della scena, una mensa, che raduna insieme le tre persone, in solidarietà di vita e in comunione di opere. Vien da pensare che Maria sia appunto quella nobile mensa.

Fermiamoci qui: non vorremmo perderci in un terreno che è già pieno di insidie dottrinali perfino per i teologi più scaltriti. Ci basta aver intuito che la Madonna, comunque, esercita un ruolo fondamentale all'interno del mistero trinitario.

Però, se è difficile speculare sul ruolo di Maria all'interno della comunità divina che vive nell'alto dei cieli, dovrebbe essere più agevole scorgere la funzione di lei all'interno di ogni comunità umana che vive nel basso della terra.

Noi lo sappiamo: dalla famiglia alla parrocchia, dall'istituto religioso alla diocesi, dal gruppo impegnato al seminario... ogni comunità, che vuol vivere sulla scorta del vangelo, porta in sé qualcosa di sacramentale: è per sua natura, cioè, segno e strumento della comunione trinitaria. Deve riprodurne la logica, viverne la convivialità, esprimerne il mistero. Potremmo definire le comunità ecclesiali come dislocazioni terrene, agenzie periferiche, riduzione in scala, di quella esperienza misteriosa che il Padre, il Figlio e lo Spirito fanno nel cielo.

Nel cielo più persone uguali e distinte vivono a tal punto la comunione da formare un solo Dio. Sulla terra, più persone uguali e distinte devono vivere la comunione, così da formare un solo uomo: l'uomo nuovo, Cristo Gesù.

Ogni aggregazione ecclesiale, quindi, ha il compito di presentarsi come icona della Trinità. Luogo di relazioni vere, cioè, in cui si riconoscano i volti delle persone, se ne promuova l'uguaglianza, e se ne impedisca l'omologazione nell'anonimato della massa.

Ora, se Maria è la nobile tavola attorno a cui siedono le tre persone divine, è proprio difficile intuire che ella gioca un ruolo di primo piano anche all'interno di quelle comunità terrene che abbiamo chiamato agenzie periferiche del mistero trinitario?

Ed è davvero spericolato pensare che senza questo «nobile triclinio» costituito dalla Vergine, attorno a cui siamo chiamati a sederci, ogni tentativo di comunione sarà destinato a naufragare?

Santa Maria, donna conviviale, tu ci richiami la struggente poesia dei banchetti di un tempo, quando, nei giorni di festa, a tavola c'era lei, l'altra madre, che ci covava con gli occhi a uno a uno, e, pur senza parole, ci supplicava con l'umido sguardo perché andassimo d'accordo tra fratelli e ci volessimo bene, trepida se mancava qualcuno, e finalmente felice solo quando rincasava l'ultimo dei figli... forse solo in cielo scopriremo fino in fondo quanto tu sei importante per la crescita della nostra umana comunione.

Nella Chiesa, soprattutto. È vero: essa si costruisce attorno all'eucaristia. Ma non è meno vero il fatto che sei tu la tavola attorno a cui la famiglia è convocata dalla Parola di Dio e sulla quale viene condiviso il pane del cielo. Come nell'*Icona di Rublev*, appunto. Facci sperimentare, pertanto, la forza aggregante della tua presenza di madre.

Santa Maria, donna conviviale, alimenta nelle nostre Chiese lo spasimo di comunione. Per questo Gesù le ha inventate: perché, come tante particole eucaristiche disseminate sulla terra, esse abbiano a introdurre nel mondo, quasi con una rete capillare di pubblicità, gli stimoli e la nostalgia della comunione trinitaria.

Aiutale a superare le divisioni interne. Intervieni quando nel loro grembo serpeggia il demone della discordia. Spegni i focolai delle fazioni. Ricomponi le reciproche contese. Stempera le loro rivalità. Fermale quando decidono di mettersi in proprio, trascurando la convergenza su progetti comuni. Convincile profondamente, insomma, che, essendo le comunità cristiane punti-vendita periferici di quei beni di comunione che maturano in pienezza solo nella Casa trinitaria, ogni volta che frantumano la solidarietà, vanno contro gli interessi della Ditta.

Santa Maria, donna conviviale, guarda alle nostre famiglie in difficoltà. Vittime degli uragani prodotti dai tempi moderni, tante hanno fatto naufragio. Molte, in crisi profonda di comunicazione, stanno andando alla deriva. Ebbene, se ti accorgi che la tua immagine pende su di un talamo nuziale che non dice più nulla, stàccati da quella parete divenuta ormai fredda e riconvoca alla tua tavola lui e lei. E una volta che Angelo ed Enza si saranno poggiati sulle tue spalle, ricomponi gli antichi amori, ridesta i sogni di un tempo, riaccendi le speranze perdute, e fa' capire che si può ancora ricominciare daccapo.

Ti preghiamo, infine, per tutti i popoli della terra, lacerati dall'odio e divisi dagli interessi. Ridesta in loro la nostalgia dell'unica mensa, così che, distrutte le ingordigie e spenti i rumori di guerra, mangino affratellati insieme pani di giustizia. Pur diversi per lingua, razza e cultura, sedendo attorno a te, torneranno a vivere in pace. E i tuoi occhi di madre, sperimentando qui in terra quella convivialità delle differenze che caratterizza in cielo la comunione trinitaria, brilleranno finalmente di gioia.

26.

Maria, donna del piano superiore

Icona. Con questo termine si indicano le immagini sacre dipinte su legno, che gli orientali venerano con particolare devozione. Avvolte di luce, imprigionano una scintilla del mistero divino, per cui, giustamente, qualcuno le ha definite finestre del tempo aperte sull'eterno.

Icona. Con questo termine, forse per il tratteggio nitido con cui vengono schizzate, oggi si usano chiamare anche quelle scene bibliche che racchiudono, con la forza rapida dei medaglioni celebrativi, un importante messaggio di salvezza.

Ebbene di queste icone, il primo capitolo degli Atti, ne registra una di straordinario splendore, quando dice che gli apostoli, dopo l'ascensione, in attesa dello Spirito Santo «*salirono al piano superiore, dove abitavano*». E con loro c'era anche Maria, la madre di Gesù.

È l'ultima sequenza biblica in cui compare la Madonna. Ella si sottrae definitivamente alle luci della ribalta così. Dall'alto di questa postazione. Dal piano superiore. Quasi per indicarci i livelli spirituali su cui deve svolgersi l'esistenza di ogni cristiano.

In verità, tutta la vita di Maria si è sviluppata, per così dire, ad alta quota.

Non che abbia disdegnato il domicilio della povera gente. Tutt'altro. Le mogli dei pecorai, per un panno cucito dalle sue mani, barattavano con lei lane e formaggi. Le vicine di casa non si accorsero mai del mistero nascosto in quella vita apparentemente così terra terra. Né le contadine di Nazaret sperimentarono in lei quelle prese di distanza con cui spesso chi fa carriera mortifica i compagni di un tempo. Andava con loro al mercato. Tirava come loro sui prezzi. Usciva con le altre sulla strada, dopo gli acquazzoni d'estate, per arginare i torrenti di pioggia. E nelle sere di maggio, la sua voce risuonava nel cortile, accompagnandosi ai cori delle antiche cantilene orientali, ma senza sovrastare nessuno.

Maria, insomma, pur consapevole del suo sovrumano destino, non ha mai voluto vivere nei quartieri alti. Non si è mai costruita piedistalli di gloria. E ha sempre rifiutato le nicchie che potessero impedirle la gioia di vivere a piano terra con la gente comune.

Si è, però, riservata una specola altissima, questo sì, da cui contemplare non solo il senso ultimo della sua vicenda umana, ma anche le traiettorie lunghe della tenerezza di Dio.

Ci sono due punti strategici, nella vita di Maria, che ci danno la conferma di come lei fosse inquilina abituale di quel piano superiore che lo Spirito Santo l'aveva chiamata ad abitare: l'altura del *Magnificat* e l'altare del Golgota.

Da quell'altura ella spinge lo sguardo fino agli estremi confini del tempo. E, cogliendo il distendersi della misericordia di Dio di generazione in generazione, ci offre la più organica lettura che si conosca della storia della salvezza.

Da quell'altare ella spinge lo sguardo fino agli estremi confini dello spazio. E, stringendo il mondo con un unico abbraccio, ci offre la più sicura garanzia che gli angoli sfiorati dai suoi occhi materni saranno raggiunti anche dallo Spirito, sgorgato dal fianco di Cristo.

Santa Maria, donna del piano superiore, splendida icona della Chiesa, tu, la tua personale pentecoste, l'avevi già vissuta all'annuncio dell'angelo, quando lo Spirito Santo scese su di te, e su di te stese la sua ombra la potenza dell'Altissimo. Se, perciò, ti fermasti nel Cenacolo, fu solo per implorare su coloro che ti stavano attorno lo stesso dono che un giorno, a Nazaret, aveva arricchito la tua anima. Come deve fare la Chiesa, appunto. La quale, già posseduta dallo Spirito, ha il compito di implorare, fino alla fine dei secoli, l'irruzione di Dio su tutte le fibre del mondo.

Donale, pertanto, l'ebbrezza delle alture, la misura dei tempi lunghi, la logica dei giudizi complessivi. Prestale la tua lungimiranza. Non le permettere di soffocare nei cortili della cronaca. Preservala dalla tristezza di impantanarsi, senza vie d'uscita, negli angusti perimetri del quotidiano. Falle guardare la storia dalle postazioni prospettiche del regno. Perché, solo se saprà mettere l'occhio nelle feritoie più alte della torre, da dove i panorami si allargano, potrà divenire complice dello Spirito e rinnovare, così, la faccia della terra.

Santa Maria, donna del piano superiore, aiuta i pastori della Chiesa a farsi inquilini di quelle regioni alte dello spirito da cui riesce più facile il perdono delle umane debolezze, più indulgente il giudizio sui capricci del cuore, più istintivo l'accredito sulle speranze di risurrezione. Sollevali dal pianterreno dei codici, perché solo da certe quote si può cogliere l'ansia di liberazione che permea gli articoli di legge. Fa' che non rimangano inflessibili guardiani delle rubriche, le quali sono sempre tristi quando non si scorge l'inchiostro rosso dell'amore con cui sono state scritte.

Intenerisci la loro mente, perché sappiano superare la freddezza di un diritto senza carità, di un sillogismo senza fantasia, di un progetto senza passione, di un rito senza estro, di una procedura senza genio, di un «logos» senza «sophía». Invitali a salire in alto con te, perché solo da certe postazioni lo sguardo potrà davvero allargarsi fino agli estremi confini della terra, e misurare la vastità delle acque su cui lo Spirito Santo oggi torna a librarsi.

Santa Maria, donna del piano superiore, facci contemplare dagli stessi tuoi davanzali i misteri gaudiosi, dolorosi e gloriosi della vita: la gioia, la vittoria, la salute, la malattia, il dolore, la morte. Sembra strano: ma solo da quell'altezza il successo non farà venire le vertigini, e solo a quel livello le sconfitte impediranno di lasciarsi precipitare nel vuoto.

Affacciàti lassù alla tua stessa finestra, ci coglierà più facilmente il vento fresco dello Spirito con il tripudio dei suoi sette doni. I giorni si intrideranno di sapienza, e intuiremo dove portano i sentieri della vita, e prenderemo consiglio sui percorsi più praticabili, e decideremo di affrontarli con fortezza, e avremo coscienza delle insidie che la strada nasconde, e ci accorgeremo della vicinanza di Dio accanto a chi viaggia con pietà, e ci disporremo a camminare gioiosamente nel suo santo timore.

E affretteremo così, come facesti tu, la Pentecoste sul mondo.

27.

Maria, donna bellissima

È vero. Il vangelo non ci dice nulla del volto di Maria. Come, del resto, non ci dice nulla del volto di Gesù.

Forse è meglio. Così a nessuno di noi viene tolta la speranza di sentirsi dire un giorno, magari da un arcangelo di passaggio: «Lo sai che a tua madre e a tuo fratello ti rassomigli tanto?».

Maria, comunque, doveva essere bellissima.

Non parlo solo della sua anima.

La quale, senza neppure l'ombra del peccato, era limpida a tal punto che Dio vi si specchiava dentro. Come le montagne eterne che, lì sulle Alpi, si riflettono nella immobile trasparenza dei laghi.

Parlo, anche, del suo corpo di donna.

La teologia, quando arriva a questo punto, sembra sorvolare sulla bellezza fisica di lei.

La lascia celebrare ai poeti: «Vergine bella, che di sol vestita, coronata di stelle, al sommo Sole piacesti sì che in te sua luce ascose...».

La affida alle canzoni degli umili: «Mira il tuo popolo, o bella Signora...».

O agli appassionati ritornelli della gente: «Dell'aurora tu sorgi più bella... non vi è stella più bella di te».

O al rapido saluto di un'antifona: «Vale, o valde decora». Ciao, bellissima!

O alle allusioni liturgiche del «Tota pulchra». Tutta bella sei, o Maria. Sei splendida, cioè, nell'anima e nel corpo!

Essa però, la teologia, non va oltre. Non si sbilancia. Tace sulla bellezza umana di Maria. Forse per pudore. Forse perché paga di aver speso tutto speculando sul fascino soprannaturale di lei. Forse perché debitrice a diffidenze non ancora superate circa la funzione salvifica del corpo. Forse perché preoccupata di ridurre l'incanto di lei a dimensioni naturalistiche, o timorosa di dover pagare il dazio ai miti dell'eterno femminile.

Eppure, non dovrebbe essere difficile trovare nel vangelo la spia rivelatrice della bellezza corporea di Maria.

C'è una parola greca molto importante, carica di significati misteriosi che non sono stati ancora per intero esplicitati. Questa parola, che fonda sostanzialmente tutta la serie dei privilegi soprannaturali della fanciulla di Nazaret, risuona nel saluto dell'angelo: «*Kecharitomène*». Viene tradotta con l'espressione «piena di grazia». Ma non potrebbe trovare il suo equivalente in «graziosissima», con allusioni evidenti anche all'incantevole splendore del volto umano di lei?

Credo proprio di sì. E senza forzature. Così come senza forzature Paolo VI, in un celebre discorso del 1975, ha avuto l'ardire di parlare per la prima volta di Maria come «*la donna vestita di sole, nella quale i raggi purissimi della bellezza umana si incontrano con quelli sovrumani, ma accessibili, della bellezza soprannaturale*».

Santa Maria, donna bellissima, attraverso te vogliamo ringraziare il Signore per il mistero della bellezza. Egli l'ha disseminata qua e là sulla terra, perché, lungo la strada, tenga deste, nel nostro cuore di viandanti, le nostalgie insopprimibili del cielo.

La fa risplendere nella maestà delle vette innevate, nell'assorto silenzio dei boschi, nella forza furente del mare, nel brivido profumato dell'erba, nella pace della sera. Ed è un dono che ci inebria di felicità perché, sia pure per un attimo appena, ci concede di mettere lo sguardo nelle feritoie fugaci che danno sull'eterno.

La fa rifulgere nelle lacrime di un bambino, nell'armonia del corpo di una donna, nell'incanto degli occhi suoi ridenti e fuggitivi, nel bianco tremore dei vegliardi, nella tacita apparizione di una canoa che scivola sul fiume, nel fremito delle magliette colorate dei corridori che passano veloci in un'alba di maggio. Ed è un dono che ci dispera perché, come ha detto qualcuno, questa ricchezza si gioca e si perde al tavolo verde del tempo.

Santa Maria, donna bellissima, splendida come un plenilunio di primavera, riconciliaci con la bellezza. Tu lo sai che dura poco nelle nostre mani rapaci. Sfiorisce subito sotto i nostri ingordi contatti. Si dissecca improvvisamente al soffio maligno delle nostre roventi cupidigie. Si contamina presto all'urto delle nostre latenti lussurie. Non la sappiamo trattare, insomma. E lo scavo struggente che ci produce nell'anima, invece che avvertirlo come anfora di felicità che ci fa cantare di gioia, lo avvertiamo come ferita inguaribile che ci fa gridare di dolore.

Aiutaci, ti preghiamo, a superare le ambiguità della carne. Liberaci dal nostro spirito rozzo. Donaci un cuore puro come il tuo. Restituiscici ad ansie di incontaminate trasparenze. E toglici la tristezza di dover distogliere gli occhi dalle cose belle della vita, per timore che il fascino dell'effimero ci faccia depistare i passi dai sentieri che portano alle soglie dell'eterno.

Santa Maria, donna bellissima, facci comprendere che sarà la bellezza a salvare il mondo. Non lo preserveranno dalla catastrofe planetaria né la forza del diritto, né la sapienza dei dotti, né la sagacia delle diplomazie. Oggi, purtroppo, nella deriva dei valori, stanno affondando anche le antiche boe che un tempo offrivano ancoraggi stabili alle imbarcazioni in pericolo. Viviamo stagioni crepuscolari.

Però, in questa camera oscura della ragione, c'è ancora una luce che potrà impressionare la pellicola del buon senso: è la luce della bellezza.

È per questo, Santa Vergine Maria, che vogliamo sentire il fascino, sempre benefico, anche del tuo umano splendore, così come sentiamo la lusinga, talvolta ingannatrice, delle creature terrene. Perché la contemplazione della tua santità sovrumana ci aiuta già tanto a preservarci dalla palude. Ma sapere che tu sei bellissima nel corpo, oltre che nell'anima, è per tutti noi motivo di incredibile speranza. E ci fa intuire che ogni bellezza della terra è appena un ruvido seme destinato a fiorire nelle serre di lassù.

28.

Maria, donna elegante

Il vangelo non dice nulla. Ma i riferimenti biblici che alludono all'eleganza di Maria sono tantissimi.

Basterebbe pensare a quel passo del Cantico dei cantici nel quale la liturgia intravede, come in filigrana, la figura della Madonna che lotta in nostro favore contro le forze del male: «*Chi è costei che sorge come l'aurora, bella come la luna, fulgida come il sole, terribile come schiere a vessilli spiegati?*».

Il testo latino dice: «*Electa ut sol*».

«*Electa*» vuol dire: elegante. Ha la stessa radice verbale. Elegante come il sole!

Non c'è chi non veda come, di fronte a lei, i modelli disegnati da Valentino sembrano ciarpame, e le creazioni di Giorgio Armani scampoli da rigattieri.

Ma c'è anche l'Apocalisse che riprende gli elementi cosmici del sole, della luna e delle stelle, con cui l'arte di tutti i secoli ha imbastito le cose più leggiadre sull'eleganza di Maria: «*Nel cielo apparve un segno grandioso: una donna vestita di sole, con la luna sotto i suoi piedi e sul suo capo una corona di dodici stelle*».

E poco più avanti ricorre un altro celebre testo, che si riferisce, è vero, alla nuova Gerusalemme, ma nel quale la tradizione, attraverso quel gioco di dissolvenze teologiche per cui spesso realtà e segni si scambiano le parti, ha scorto la presenza di lei: «*Sono giunte le nozze dell'Agnello; la sua sposa è pronta, le hanno dato una veste di lino pura, splendente. La veste di lino sono le opere giuste dei santi*».

La Vergine, quindi, questa anticipazione meravigliosa della Chiesa, scende dal cielo, adorna di monili e palpitante di veli, pronta come una sposa adorna per il suo sposo. È tutto un inno all'eleganza di Maria.

Una eleganza, chiaramente, da leggere in termini di finezza interiore, e non certo sulla base delle sue frequentazioni presso le «boutiques» di Nazaret o gli «ateliers» di alta moda di Gerusalemme.

Benché, a meditare attentamente il vangelo, non sembrano del tutto fuori posto le allusioni anche all'eleganza fisica di Maria.

Io non so se nell'intimità della casa, dove fioriscono i vezzeggiativi della tenerezza, Gesù si divertisse a chiamare sua madre con i nomi delle piante più profumate, come un giorno avrebbe fatto la Chiesa: rosa di Gerico, giglio delle convalli, cedro del Libano, palma di Cades... C'è da supporre, però, che pensasse proprio a lei, fiore di bellezza, quando un giorno disse alle folle: «*Osservate come crescono i gigli del campo... io vi dico che neppure Salomone, con tutta la sua gloria, vestiva come uno di loro*».

Come pure, c'è da supporre che pensasse proprio a lei quando disse: «*Lucerna del corpo è l'occhio. Se il tuo occhio è chiaro, tutto il tuo corpo sarà nella luce*». In quel momento dovettero balenargli gli occhi di sua madre. Quegli occhi in cui non solo traluceva la trasparenza dell'anima, ma che davano spessore di santità anche all'eleganza del suo corpo.

Santa Maria, donna elegante, dal momento che vestivi così bene, regàlaci, ti preghiamo, un po' dei tuoi abiti. Aprici il guardaroba. Abituaci ai tuoi gusti. Lo sai bene, ci riferiamo a quei capi di abbigliamento interiore che adornarono la tua esistenza terrena: la gratitudine, la semplicità, la misura delle parole, la trasparenza, la tenerezza, lo stupore. Ti assicuriamo: sono abiti che non sono ancora passati di moda. Anche se sono troppo grandi per le nostre misure, faremo di tutto per adattarli alla nostra taglia.

Svelaci, ti preghiamo, il segreto della tua linea. Innamòraci del tuo «esprit de finesse». Preservaci da quelle cadute di stile che mettono così spesso a nudo la nostra volgarità. Donaci un ritaglio del tuo velo di sposa. E facci scoprire nello splendore della natura e dell'arte i segni dell'eleganza di Dio.

Santa Maria, donna elegante, liberaci da quello spirito rozzo che ci portiamo dentro, nonostante i vestiti raffinati che ci portiamo addosso, e che esplode tante volte in termini di violenza verbale nei confronti del prossimo.

Come siamo lontani dalla tua eleganza spirituale! Indossiamo abiti con la firma di Trussardi, ma i gesti del rapporto umano rimangono sgraziati. Ci spalmiamo la pelle con i profumi di Versace, ma il volto trasuda ambiguità. Ci mettiamo in bocca i più ricercati dentifrici, ma il linguaggio che ne esce è da trivio. Il vocabolario si è fatto greve. L'insulto è divenuto costume. Le buone creanze sono in ribasso. Anzi, se in certi spettacoli televisivi mancano gli ingredienti del turpiloquio, sembra che cali perfino l'indice di ascolto.

Donaci, perciò, un soprassalto di grazia che compensi le nostre intemperanze. E facci capire che, finché non vedremo in colui che ci sta accanto un volto da scoprire, da contemplare e da accarezzare, le più sofisticate raffinatezze rimarranno sempre formali, e i più costosi abbigliamenti non riusciranno a mascherare la nostra anima di straccioni.

Santa Maria, donna elegante, tu che hai colto con tanta attenzione il passaggio di Dio nella tua vita, fa' che anche noi possiamo captare la sua brezza. Anche lui è molto elegante, e difficilmente irrompe nella nostra storia con la potenza del fuoco o dell'uragano o del terremoto; ma, come sul monte Oreb, si fa sentire nello stormire leggerissimo delle fronde. Occorrono antenne delicate per registrare la sua presenza. C'è bisogno di un orecchio sensibile per percepire il frusciare dei suoi passi quando, al meriggio, come faceva con Adamo, scende ancora nel nostro giardino.

Aiutaci a intuire tutta la delicatezza di Dio in quella espressione biblica con la quale egli, il Signore, esprime quasi il pudore di disturbarci (forse a Giovanni, mentre scriveva l'Apocalisse, quelle parole gliele hai dettate tu): «*Ecco io sto alla porta e busso. Se uno ascolta la mia voce e mi apre la porta, io verrò da lui, cenerò con lui, ed egli con me*».

Rendici pronti a rispondere, con la tua stessa finezza di stile, al suo discreto bussare. Così che possiamo aprirgli subito la porta, e fargli festa, e condurlo a tavola con noi.

Anzi, visto che lui si ferma, perché non rimani a cena anche tu?

29.

Maria, donna dei nostri giorni

Maria, la vogliamo sentire così. Di casa. Mentre parla il nostro dialetto. Esperta di tradizioni antiche e di usanze popolari. Che, attraverso le coordinate di due o tre nomi, ricostruisce il quadro delle parentele, e finisce col farti scoprire consanguineo con quasi tutta la città.

Vogliamo vederla così. Immersa nella cronaca paesana. Con gli abiti del nostro tempo. Che non mette soggezione a nessuno. Che si guadagna il pane come le altre. Che parcheggia la macchina accanto alla nostra. Donna di ogni età: a cui tutte le figlie di Eva, quale che sia la stagione della loro vita, possano sentirsi vicine.

Vogliamo immaginarla adolescente, mentre nei meriggi d'estate risale dalla spiaggia, in bermuda, bruna di sole e di bellezza, portandosi negli occhi limpidi un frammento dell'Adriatico verde. E d'inverno, con lo zaino colorato, va in palestra anche lei. E passando per corso Umberto, saluta la gente con tenerezza. E ispira in chi la guarda nostalgie di castità. E conversa nel cerchio degli amici, sul viale Pio XI, la sera. E rende felici gli interlocutori, che la ripagano con sorrisi senza malizia. E va a braccetto con le compagne, e ne ascolta le confidenze segrete, e le sprona ad amare la vita.

Vogliamo darle uno dei nostri cognomi: Salvemini, Tattoli, Minervini, Gadaleta, Carabellese, Altomare, De Candia, Pansini... e pensarla come alunna di un nostro liceo, o come operaia in un maglificio della nostra città, o dattilografa nello studio del commercialista di fronte, o commessa in una «boutique» di corso Margherita.

Vogliamo sperimentarla mentre passa per le strade del centro storico e si ferma a conversare con le donne di via Amente. O incontrarla al cimitero, la domenica, mentre depone un fiore ai suoi morti. O mentre il giovedì si reca al mercato, e tira sul prezzo anche lei. O quando alla mezza, con tutte le altre madri davanti al «Manzoni», attende che il suo bambino esca da scuola per portarselo a casa e ricoprirlo di baci.

Non la vogliamo ospite. Ma concittadina. Interna ai nostri problemi comunitari. Preoccupata per il malessere che scuote la nostra città. Ma contenta anche di condividere la nostra esperienza spirituale, contraddittoria ed esaltante. Fiera per lo spessore culturale della nostra città: per le sue chiese, per la sua arte, per la sua musica, per la sua storia. E gioiosa di appartenere al nostro ceppo di contadini, di naviganti, di esuli inguaribilmente stregati dalla loro terra natale.

Maria, la vogliamo sentire così. Tutta nostra, ma senza gelosie. Molfettese purosangue. Che a Natale canta la *Santa allegrezza*, e in quaresima il *Vexilla regis*: con le stesse cadenze delle nostre donne che sfilano in processione con le lampade accese.

La vogliamo nelle nostre liste anagrafiche. Nei sogni festivi e nelle asprezze feriali. Sempre pronta a darci una mano. A contagiarci della sua speranza. A farci sentire, con la sua struggente purezza, il bisogno di Dio. E a spartire con noi momenti di festa e di lacrime. Fatiche di vendemmie e di frantoi. Profumi di forno e di bucato. Lacrime di partenze e di arrivi. Come una vicina di casa, dei tempi antichi. O come dolcissima inquilina che si affaccia sul pianerottolo del nostro condominio. O come splendida creatura che ha il domicilio sotto il nostro stesso numero civico. E riempie di luce tutto il cortile.

Santa Maria, donna dei nostri giorni, vieni ad abitare in mezzo a noi. Tu hai predetto che tutte le generazioni ti avrebbero chiamata beata. Ebbene, tra queste generazioni c'è anche la nostra, che vuole cantarti la sua lode non solo per le cose grandi che il Signore ha fatto in te nel passato, ma anche per le meraviglie che egli continua a operare in te nel presente.

Fa' che possiamo sentirti vicina ai nostri problemi. Non come Signora che viene da lontano a sbrogliarceli con la potenza della sua grazia o con i soliti moduli stampati una volta per sempre. Ma come una che, gli stessi problemi, li vive anche lei sulla sua pelle, e ne conosce l'inedita drammaticità, e ne percepisce le sfumature del mutamento, e ne coglie l'alta quota di tribolazione.

Santa Maria, donna dei nostri giorni, liberaci dal pericolo di pensare che le esperienze spirituali vissute da te duemila anni fa siano improponibili oggi per noi, figli di una civiltà che, dopo essersi proclamata postmoderna, postindustriale e postnonsoché, si qualifica anche come postcristiana.

Facci comprendere che la modestia, l'umiltà, la purezza sono frutti di tutte le stagioni della storia, e che il volgere dei tempi non ha alterato la composizione chimica di certi valori quali la gratuità, l'obbedienza, la fiducia, la tenerezza, il perdono. Sono valori che tengono ancora e che non andranno mai in disuso. Ritorna, perciò, in mezzo a noi, e offri a tutti l'edizione aggiornata di quelle grandi virtù umane che ti hanno resa grande agli occhi di Dio.

Santa Maria, donna dei nostri giorni, dandoti per nostra madre, Gesù ti ha costituita non solo conterranea, ma anche contemporanea di tutti. Prigioniera nello stesso frammento di spazio e di tempo. Nessuno, perciò, può addebitarti distanze generazionali, né gli è lecito sospettare che tu non sia in grado di capire i drammi della nostra epoca.

Mettiti, allora, accanto a noi, e ascoltaci mentre ti confidiamo le ansie quotidiane che assillano la nostra vita moderna: lo stipendio che non basta, la stanchezza da stress, l'incertezza del futuro, la paura di non farcela, la solitudine interiore, l'usura dei rapporti, l'instabilità degli affetti, l'educazione difficile dei figli, l'incomunicabilità perfino con le persone più care, la frammentazione assurda del tempo, il capogiro delle tentazioni, la tristezza delle cadute, la noia del peccato...

Facci sentire la tua rassicurante presenza, o coetanea dolcissima di tutti. E non ci sia mai un appello in cui risuoni il nostro nome, nel quale, sotto la stessa lettera alfabetica, non risuoni anche il tuo, e non ti si oda rispondere: «Presente!».

Come un'antica compagna di scuola.

30.

Maria, donna dell'ultima ora

«*Nunc et in hora mortis nostrae*».

In latino suona meglio. Soprattutto quando l'Ave Maria viene cantata. Sembra allora che la corrente melodica dilaghi in un estuario di tenerezza, e concentri nelle ultime quattro parole le più sanguinanti implorazioni dell'uomo.

«*Adesso e nell'ora della nostra morte*».

Anche in italiano non è da meno. Soprattutto quando, irrompendo le ombre della sera, l'Ave Maria viene recitata dal popolo dei poveri, nei banchi di una chiesa, con le cadenze del rosario.

Sembrano cadenze monotone. Ma dal centro di quelle scarne parole si sprigionano viluppi di sensazioni intraducibili, che non si capisce bene se ti spingano sul discrimine che separa il tempo dall'eterno, o ti arretrino invece negli spazi di un passato remoto carico di ricordi.

Certo è che, man mano che quelle parole vengono ripetute, la mente si affolla di immagini dolcissime, tra le quali predomina l'immagine di lei, l'altra madre, che nelle sere d'inverno, vicino al ceppo acceso, o sotto le stelle nelle notti d'estate, attorniata dai familiari e dai vicini di casa, ripeteva con la corona tra le mani: «*Santa Maria, madre di Dio...*».

Sembra che alla Madonna non si sappia chiedere altro: «*Prega per noi peccatori*». Forse perché, in fondo, l'essenziale sta lì. Tutto il resto è corollario di quell'unica domanda. Ed ecco allora, per cinquanta volte, la stessa supplica struggente: «*Adesso e nell'ora della nostra morte*».

Viene da chiedersi, comunque, perché mai l'Ave Maria essenzializzi a tal punto l'implorazione da ridurla a una sola richiesta.

Le ragioni possono essere due.

Anzitutto, Maria è esperta di quell'*ora*. Perché fu presente all'*ora* del Figlio. Ne visse, cioè, da protagonista la peripezia suprema di morte e glorificazione, verso cui precipita tutta la storia della salvezza. In quell'*ora*, Gesù le ha consegnato i suoi fratelli simbolizzati da Giovanni, perché li considerasse come suoi figli.

Da quel momento lei è divenuta guardiana della nostra ultima *ora*, e si rende presente in quella frazione di tempo in cui ognuno di noi si gioca il suo eterno destino.

Il secondo motivo sta nel fatto che l'*hora mortis* è un passaggio difficile. Un transito che mette paura, per quella carica di ignoto che si porta incorporata. Una transumanza che sgomenta, perché è l'unica che non si può programmare nei tempi, nei luoghi e nelle modalità. È come affrontare un'esile passerella di canne che oscilla sul vortice di un larghissimo fiume, pronto a inghiottirti.

Di qui, il realismo della preghiera: «*Ora pro nobis... nunc et in hora mortis nostrae*».

Tu, cioè, che sei esperta di quell'*ora*, dacci una mano perché ognuno, quando essa scoccherà sul quadrante della sua vita, l'accolga con la serenità di Francesco d'Assisi: «*Laudato sie, mi Signore, per sora nostra morte corporale, da la quale nullo homo vivente può skappare*».

Santa Maria, donna dell'ultima ora, quando giungerà per noi la grande sera e il sole si spegnerà nei barlumi del crepuscolo, mettiti accanto a noi perché possiamo affrontare la notte. È una esperienza che hai già fatto con Gesù, quando alla sua morte il sole si eclissò e si fece gran buio su tutta la terra. Questa esperienza, ripetila con noi. Piàntati sotto la nostra croce e sorvegliaci nell'ora delle tenebre. Liberaci dallo sgomento del baratro. Pur nell'eclisse, donaci trasalimenti di speranza. Infondici nell'anima affaticata la dolcezza del sonno.

Che la morte, comunque, ci trovi vivi!

Se tu ci darai una mano, non avremo più paura di lei. Anzi, l'ultimo istante della nostra vita, lo sperimenteremo come l'ingresso nella Cattedrale sfolgorante di luce, al termine di un lungo pellegrinaggio con la fiaccola accesa. Giunti sul sagrato, dopo averla spenta, deporremo la fiaccola. Non avremo più bisogno della luce della fede che ha illuminato il nostro cammino. Ormai saranno gli splendori del tempio ad allargare di felicità le nostre pupille.

Fa', ti preghiamo, che la nostra morte possiamo viverla così.

Santa Maria, donna dell'ultima ora, il vangelo ci dice che Gesù quando sulla croce emise lo spirito, reclinò il capo. Probabilmente, come molti artisti hanno intuito, il suo capo egli lo reclinò sul tuo: nello stesso atteggiamento di abbandono di quando, ancora bambino, lo coglieva il sonno. Ritta sotto il patibolo, forse su di uno sgabello di pietra, diventasti così il suo cuscino di morte.

Ti preghiamo: quando pure per noi giungerà il momento di consegnarci al Padre, e nessuno dei presenti sarà in grado di rispondere ormai ai nostri richiami, e sprofonderemo in quella solitudine che neppure le persone più care potranno riempire, offrici il tuo capo come ultimo guanciale.

Il calore del tuo volto, in quell'estremo istante della vita, evocherà dalle tombe mai aperte della nostra coscienza un altro istante: il primo dopo la nascita, quando abbiamo sperimentato il calore di un altro volto, che rassomigliava tanto al tuo. E forse solo allora, sia pure con le luci fioche della mente che si spegne, capiremo che i dolori dell'agonia altro non sono che travagli di un parto imminente.

Santa Maria, donna dell'ultima ora, disponici al grande viaggio. Aiutaci ad allentare gli ormeggi senza paura. Sbriga tu stessa le pratiche del nostro passaporto. Se ci sarà il tuo visto, non avremo più nulla da temere sulla frontiera. Aiutaci a saldare, con i segni del pentimento e con la richiesta di perdono, le ultime pendenze nei confronti della giustizia di Dio. Procuraci tu stessa i benefici dell'amnistia, di cui egli largheggia con regale misericordia. Mettici in regola le carte, insomma, perché, giunti alla porta del paradiso, essa si spalanchi al nostro bussare.

Ed entreremo finalmente nel Regno, accompagnati dall'eco dello *Stabat Mater* che, con accenti di mestizia e di speranza, ma anche con l'intento di accaparrarci anzitempo la tua protezione, abbiamo cantato tante volte nelle nostre chiese al termine della *Via crucis*: «*Quando corpus morietur, fac ut animae donetur paradisi gloria. Amen!*».

31.

Santa Maria, compagna di viaggio

Santa Maria,
madre tenera e forte,
nostra compagna di viaggio sulle strade della vita,
ogni volta che contempliamo
le cose grandi che l'Onnipotente ha fatto in te,
proviamo una così viva malinconia per le nostre lentezze,
che sentiamo il bisogno di allungare il passo
per camminarti vicino.
Asseconda, pertanto, il nostro desiderio di prenderti per mano,
e accelera le nostre cadenze di camminatori un po' stanchi.
Divenuti anche noi pellegrini nella fede,
non solo cercheremo il volto del Signore,
ma, contemplandoti quale icona della sollecitudine umana
verso coloro che si trovano nel bisogno,
raggiungeremo in fretta la «città»
recandole gli stessi frutti di gioia
che tu portasti un giorno a Elisabetta lontana.

Santa Maria, vergine del mattino,
donaci la gioia di intuire,
pur tra le tante foschie dell'aurora,
le speranze del giorno nuovo.
Ispiraci parole di coraggio.
Non farci tremare la voce quando,
a dispetto di tante cattiverie e di tanti peccati
che invecchiano il mondo,
osiamo annunciare che verranno tempi migliori.

Non permettere
che sulle nostre labbra il lamento prevalga mai sullo stupore,
che lo sconforto sovrasti l'operosità,
che lo scetticismo schiacci l'entusiasmo,
e che la pesantezza del passato
ci impedisca di far credito sul futuro.
Aiutaci a scommettere con più audacia sui giovani,
e preservaci dalla tentazione di blandirli
con la furbizia di sterili parole,
consapevoli che solo dalle nostre scelte di autenticità e di coerenza
essi saranno disposti ancora a lasciarsi sedurre.
Moltiplica le nostre energie
perché sappiamo investirle
nell'unico affare ancora redditizio sul mercato della civiltà:
la prevenzione delle nuove generazioni
dai mali atroci che oggi rendono corto il respiro della terra.
Da' alle nostre voci la cadenza degli alleluia pasquali.
Intridi di sogni le sabbie del nostro realismo.
Rendici cultori delle calde utopie
dalle cui feritoie sanguina la speranza sul mondo.
Aiutaci a comprendere
che additare le gemme che spuntano sui rami
vale più che piangere sulle foglie che cadono.
E infondici la sicurezza di chi già vede l'oriente incendiarsi ai primi raggi del sole.

Santa Maria, vergine del meriggio,
donaci l'ebbrezza della luce.
Stiamo fin troppo sperimentando
lo spegnersi delle nostre lanterne,
e il declinare delle ideologie di potenza,
e l'allungarsi delle ombre crepuscolari sugli angusti sentieri della terra,
per non sentire la nostalgia del sole meridiano.
Strappaci dalla desolazione dello smarrimento

e ispiraci l'umiltà della ricerca.
Abbevera la nostra arsura di grazia
nel cavo della tua mano.
Riportaci alla fede
che un'altra madre, povera e buona come te,
ci ha trasmesso quando eravamo bambini,
e che forse un giorno abbiamo in parte svenduto
per una miserabile porzione di lenticchie.
Tu, mendicante dello Spirito,
riempi le nostre anfore di olio
destinato a bruciare dinanzi a Dio:
ne abbiamo già fatto ardere troppo
davanti agli idoli del deserto.
Facci capaci di abbandoni sovrumani in Lui.
Tempera le nostre superbie carnali.
Fa' che la luce della fede,
anche quando assume accenti di denuncia profetica,
non ci renda arroganti o presuntuosi,
ma ci doni il gaudio della tolleranza e della comprensione.
Soprattutto, però, liberaci dalla tragedia
che il nostro credere in Dio
rimanga estraneo alle scelte concrete di ogni momento,
sia pubbliche che private,
e corra il rischio
di non diventare mai carne e sangue
sull'altare della ferialità.

Santa Maria, vergine della sera,
Madre dell'ora in cui si fa ritorno a casa,
e si assapora la gioia di sentirsi accolti da qualcuno,
e si vive la letizia indicibile di sedersi a cena con gli altri,
facci il regalo della comunione.
Te lo chiediamo per la nostra Chiesa,
che non sembra estranea neanch'essa
alle lusinghe della frammentazione,
e della chiusura nei perimetri segnati dall'ombra del campanile.

Te lo chiediamo per la nostra città,
che spesso lo spirito di parte riduce così tanto a terra contesa,
che a volte sembra diventata terra di nessuno.
Te lo chiediamo per le nostre famiglie,
perché il dialogo, l'amore crocifisso,
e la fruizione serena degli affetti domestici
le rendano luogo privilegiato di crescita cristiana e civile.
Te lo chiediamo per tutti noi,
perché, lontani dalle scomuniche dell'egoismo e dell'isolamento,
possiamo stare sempre dalla parte della vita,
là dove essa nasce, cresce e muore.
Te lo chiediamo per il mondo intero,
perché la solidarietà tra i popoli
non sia vissuta più come *uno* dei tanti impegni morali,
ma venga riscoperta come l'*unico* imperativo etico
su cui fondare l'umana convivenza.
E i poveri possano assidersi, con pari dignità,
alla mensa di tutti.
E la pace diventi traguardo dei nostri impegni quotidiani.

Santa Maria, vergine della notte,
noi t'imploriamo di starci vicino
quando incombe il dolore,
e irrompe la prova,
e sibila il vento della disperazione,
e sovrastano sulla nostra esistenza il cielo nero degli affanni,
o il freddo delle delusioni,
o l'ala severa della morte.
Liberaci dai brividi delle tenebre.
Nell'ora del nostro Calvario,
tu, che hai sperimentato l'eclisse del sole,
stendi il tuo manto su di noi,
sicché, fasciati dal tuo respiro,
ci sia più sopportabile la lunga attesa della libertà.
Alleggerisci con carezze di madre

la sofferenza dei malati.
Riempi di presenze amiche e discrete
il tempo amaro di chi è solo.
Spegni i focolai di nostalgia nel cuore dei naviganti,
e offri loro la spalla perché vi poggino il capo.
Preserva da ogni male i nostri cari che faticano in terre lontane
e conforta, col baleno struggente degli occhi,
chi ha perso la fiducia nella vita.
Ripeti ancora oggi la canzone del *Magnificat*,
e annuncia straripamenti di giustizia
a tutti gli oppressi della terra.
Non ci lasciare soli nella notte a salmodiare le nostre paure.
Anzi, se nei momenti dell'oscurità ti metterai vicino a noi
e ci sussurrerai che anche tu,
vergine dell'Avvento,
stai aspettando la luce,
le sorgenti del pianto si dissecheranno sul nostro volto.
E sveglieremo insieme l'aurora.
Così sia.

Indice

Stampa: 2001
Società San Paolo. Alba (Cuneo)
Printed in Italy